JN120225

本能寺の変　神君伊賀越えの真相

――家康は大和を越えた

目次

第1章　家康の大和越えを検証する …… 7

第1章　家康の大和越えを検証する

「神君伊賀越え」と『石川忠総留書』

天正十年（一五八二）六月二日未明、反旗を翻した明智光秀が本能寺を襲撃、衆寡《しゅうか》敵せず、燃え盛る炎の中で織田信長は命を絶った。徳川家康は堺にいたが、この日、信長と会見するため京都に向かっていた。すると、一足先に出発した本多忠勝が、京から堺に急行する茶屋四郎次郎と出会う。四郎次郎から思わぬ凶報を聞き驚いた忠勝は引き返し、飯盛《いいもり》山《やま》（現大阪府四條畷市）辺りで家康に信長の死を伝える。わずかな手勢しか持たない家康は一転、命を狙われる危機に陥った。そのため急遽、進路を東にとり、宇治田原（現京都府綴喜郡《つづきぐん》）から信楽《しがらき》（現滋賀県甲賀市）を経由し、服部半蔵の要請で駆けつけた伊賀衆の助けを得て伊賀の山中を越える。苦難を乗り越え白子《しろこ》（現三重県鈴鹿市）にたどり着いた家康は、そこで船に乗り、四日深夜に大濱（現愛知県碧南市）に着いて岡崎城に戻ることができた。そして半蔵は恩賞として伊賀同心二百人を支配した。これが世にいう「神君伊賀越え」（10頁、図1）として半ば伝説化した。

このルートは石川忠総《ただふさ》（一五八二―一六五一）が著した『石川忠総留書《とめがき》』によるところが大きい。忠総は大久保忠隣《ただちか》（一五五三―一六二八）の二男であり、忠隣は家康が堺から三河に逃げ帰る際に同行していた。この他、伯父の石川康通や大叔父の大久保忠佐《ただすけ》も同行者だった。したがって忠総は、近親者から本能寺の変後の家康の危難行について聞いており、後世史料とはいえ比較的信憑性が高いとされている。しかしこの留書が書かれた時期は不明であり、著者の忠総は本能寺の変があった年に生まれたに過ぎない。

なお大久保から石川へと名字が変わったのは、外祖父・石川家成《いえなり》の養子となって石川家を継いだためであり、晩年、近江の膳所《ぜぜ》藩主になっている。忠総が留書を著したのは、実父・忠隣が亡くなった後のことと思われる。このことについては、後で触れたい。

大和を越えたとする『当代記』

家康は通説の「神君伊賀越え」ルートではなく、堺から大和を経由して三河に帰ったという話が江戸時代

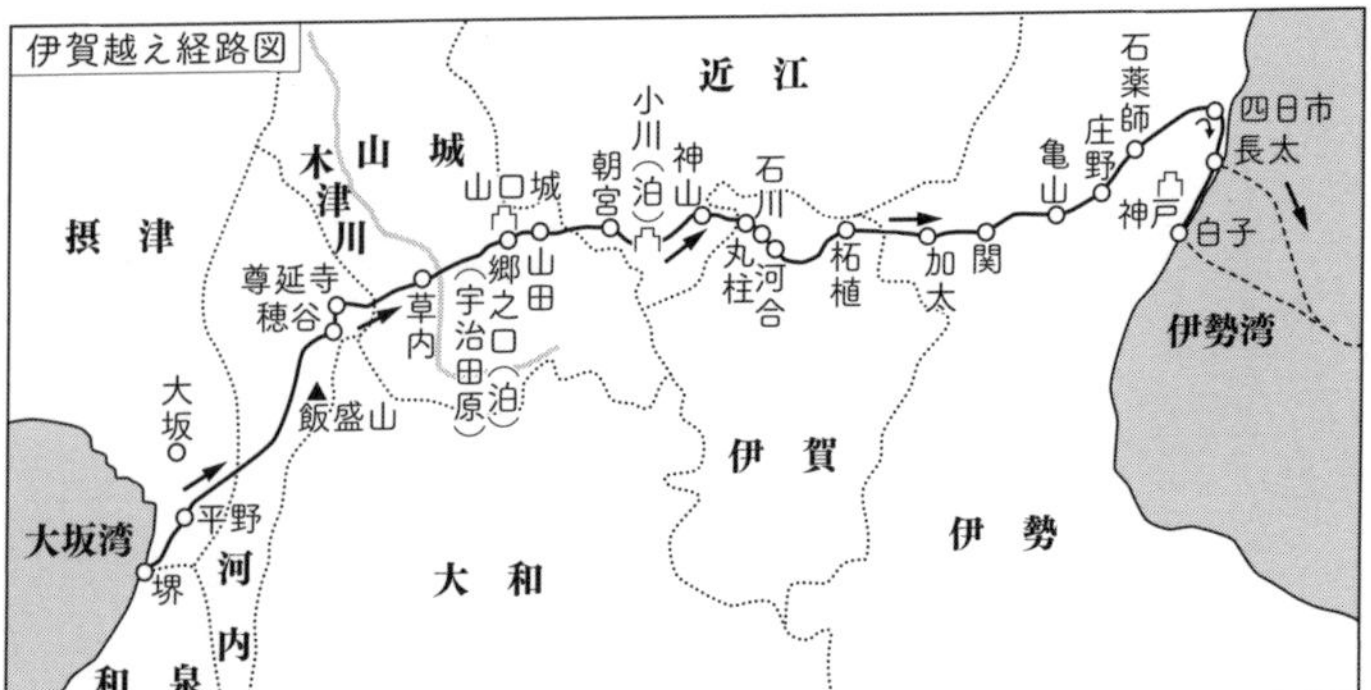

図1　本能寺の変の後の家康の逃走ルート（通説）

から根強く燻《くすぶ》っている。これまで「神君伊賀越え」が周知のこととされてきた経緯もあり、大和越えが正面から論じられることはほとんどなかった。が、火のない所に煙は立たない。その意味でも、三百年以上も前から存在している大和経由関係の史料を再検証する必要がある。そこでまず『当代記』巻二にある天正十年六月の記事を紹介する。

家康、於レ堺聞二此事一、大和路へかゝり、高田の城へ被レ寄《よられ》、城主へ刀并《ならびに》金二千両被レ下《くだされ》、其日に被二相立一、六月四日、三川国大濱へ舟にて下着し給《たまふ》、

（傍線、筆者記入。以下、同じ）

【訳】家康、堺においてこのこと（本能寺の変）を聞き、大和路に来て高田の城に立ち寄られ、城主に刀と金二千両を下された。その日（六月二日）に出立され、六月四日、三河国の大濱へ船で到着された。

武田左衛門大夫甲州穴山ことも、家康公に相伴上洛之処、信長被レ薨《みまかるる》時、於二大和国に一一揆起て打果、息子勝千代武田信玄孫継二其塵一、駿州江尻に在城す、是も一両年中に令二病死一畢《おわんぬ》、さて穴山遺跡は絶果《たえはて》たり、

【訳】武田左衛門大夫（穴山梅雪）も家康公に伴って上洛したところ、信長公が亡くなられたとき、大和国で一揆が起きて打ち果てた。息子の勝千代（武田信玄の孫）がその跡を継ぎ、駿河の江尻城（跡静岡市清水区江尻町）におられた。これも一、二年の間に病死された。それから穴山の跡目は絶えてしまった。

このように『当代記』には、家康は信長の死を堺で聞き、大和路に入って高田城に立ち寄り、城主に刀や金二千両を渡したと記されている。おそらく高田城主に道案内と警護を依頼したのであろう。また、家康に同行していた穴山梅雪は、大和で起きた一揆により殺されたと書かれている。

『当代記』の記述を信じれば、家康は堺から大和を通過して三河に帰ったことになる。また、大和から伊勢の白子あるいは長太《なご》（共に鈴鹿市）に出、そこから乗船したとすれば、必然的に伊賀を通過したことになる。大和越えは、すなわち大和経由伊賀越えを意味する。

『当代記』は、安土桃山時代から江戸初期までの間の諸国の情勢、諸大名の興亡、江戸幕府の政治等に関する記録を著した書で、著者は不明である。寛永年間（一六二四―四四）

に成立したとされるが、本能寺の変に関する記述は『石川忠総留書』よりも早く書かれた可能性が高い。しかも研究者が引用することが多い書でもある。

『当代記』の評価については後ほど詳しく検証することとし、ここでは江戸初期の重要な文献である『当代記』に、家康は大和を越えたと明記されていることを指摘しておく。

大和越えを記す『石川正西聞見集』『御当家記年録』

『当代記』だけでなく、『石川正西《しょうさい》聞見集』や『御当家記年録』にも家康の大和越えを示す記事が載せられている。まず、『石川正西聞見集』の関係箇所を掲げる。

> 信長公御父子家康様安土を御立御上洛、本能寺に信長公御座被成《なされ》之助殿（織田信忠）はよの寺（妙覚寺）に御座被成《なされ》候、信長公より被仰《おおせらるる》は、和泉の堺を家康御見物あれとの御事にて堺へ御下被成《おくだりなされ》候、明知（明智）四国へ出陣御暇乞《こい》にことよせ、丹波路を出 俄《にわかに》京入して信長公御父子に御腹めさせ候、其様子家康様被為聞、堺より大和路へ御出、伊賀こえ（越え）被成《なされ》候（以下略）

著者の石川正西（善大夫昌隆）は川越藩の家老だった人物である。天正二年（一五七四）に三河東上（現愛知県豊川市東上町）で生まれ、天正十八年（一五九〇）頃に松井松平家二代目の康重《やすしげ》に仕えた。その後家老となり、寛永十三年（一六三六）頃に引退、正西と号した。したがって『石川正西聞見集』は、本能寺の変、関ヶ原の役、江戸開府、大坂の陣の時代を生きた三河出身の武士が書いた記録である。

この書は、川越藩主や家臣のお供寺と呼ばれる光西寺（埼玉県川越市）に「石川正西聞見集」として所蔵されていたものを翻刻し、昭和四十三年に埼玉県立図書館が発行したものである。その「解題」に、「徳川家が三河の一大名から天下の覇者へ発展していく歴史の大きな流れの中に、客観的な事実に基いて描写されているところに本書の特色がある」と、その史料的価値について説明している。また「多方面にわたる内容の記述に当り、著者は極めて公平、客観的な態度に終始している」と、著者である石川正西を評している。よって多くの研究者が、この書を活用しているのも事実である。

先に『石川忠総留書』について触れたが、石川忠総の実父・大久保忠隣改易などについて、『当代記』と共に研究対象となっている書でもある。ただ貴重な史料でありながら、今述べた経緯により世に出ることが遅かった。したがって、家康の大和越えが記されていることはあまり知られていいない。

この聞見集の注釈には、「聞見集は当代記と同じく大和路を通ったとしている。光秀の支配下にあって危険なはずの山城を通ったとするよりこの大和から伊賀への道の方が受け入れ易い感があるがどうであろうか」とあり、通説の山城―近江―伊賀―伊勢のコースに疑問を投げかけている。

次に、『御当家記年録』にも、次のように大和越えのことが記されている。

六月二日信長為惟任日向守光秀於本能寺生害、城介信忠於二条同自殺、于時　家康公依信長命為遊覧在泉州境（堺）、梅雪亦従行之　家康公聞信長生害、経大和伊賀路。

『御当家記年録』は、譜代大名である姫路藩主・榊原忠次（一六〇五―一六六五）が、寛文四年（一六六四）に編纂した「御当家」（徳川将軍家）の年代記である。国立公文書館の説明によると、徳川氏の先祖が三河国松平郷（現豊田市）に移り住んだとされる永享元年（一四二九）から、三代将軍家光が没する慶安四年（一六五一）までが収められ、簡潔ながら、異説がある場合は併記するなど、記述の正確さに重点が置かれているとされる。忠次には『公卿伝分類』や『続勅撰作者分類』等の著書もあり、近世有数の好文大名として知られる。林《はやし》鵞峰《がほう》（林羅山の子）とは昵懇《じっこん》の仲で、林家《りんけ》の儒者との交流も深かった。政治手腕にも優れ、歴代将軍の信任も得ていた。寛文五年（一六六五）に病に倒れたときには、将軍家綱は使者を遣わし、御三家はそれぞれ自ら見舞ったほどである。

特筆すべきは、著者である忠次が家康に同行した榊原康政（小平太。一五四八―一六〇六。「徳川四天王」と称された一人）の孫であるという点だ。しかも忠次の母・祥室院は家康の弟・松平康元の娘、つまり家康の姪（後に家康の養女）である。また母親が家康の養女であることから、忠次一代に限り松平姓が許されている。その忠次が、「家康公、信長生害を聞き、大和・伊賀を経《ふ》」と記すだけに、大和越えの重みが増す。

このほか、『創業記考異』や『御当家御代々記』にも、家康が大和を越えたことが記されている。家康の大和越えが単なる風説ではないことを理解していただけただろうか。

忘れられた家康の感状

次頁の写真は、内閣文庫に所蔵されている家康の書状の写しである。その翻刻文が『徳川家康文書の研究』下巻之二（中村孝也。元東京帝国大学名誉教授）に掲載されているので紹介する。

東照宮御判物
今度大和越之節、落度なき様めされ給り
忝《かたじけなく》存候、重而《かさねて》越智玄蕃允迠《げんばのじょうまで》可二申入一
候、以上
天正十年午六月　　御諱御判
筒井順慶老
森本左馬之助殿
竹村九兵衛（道清）殿
外嶋加賀守殿
和田助太夫殿
〔古文書〕　竹村 ○記録御用所本　竹村九兵衛道清拝領 同弥九郎正義書上

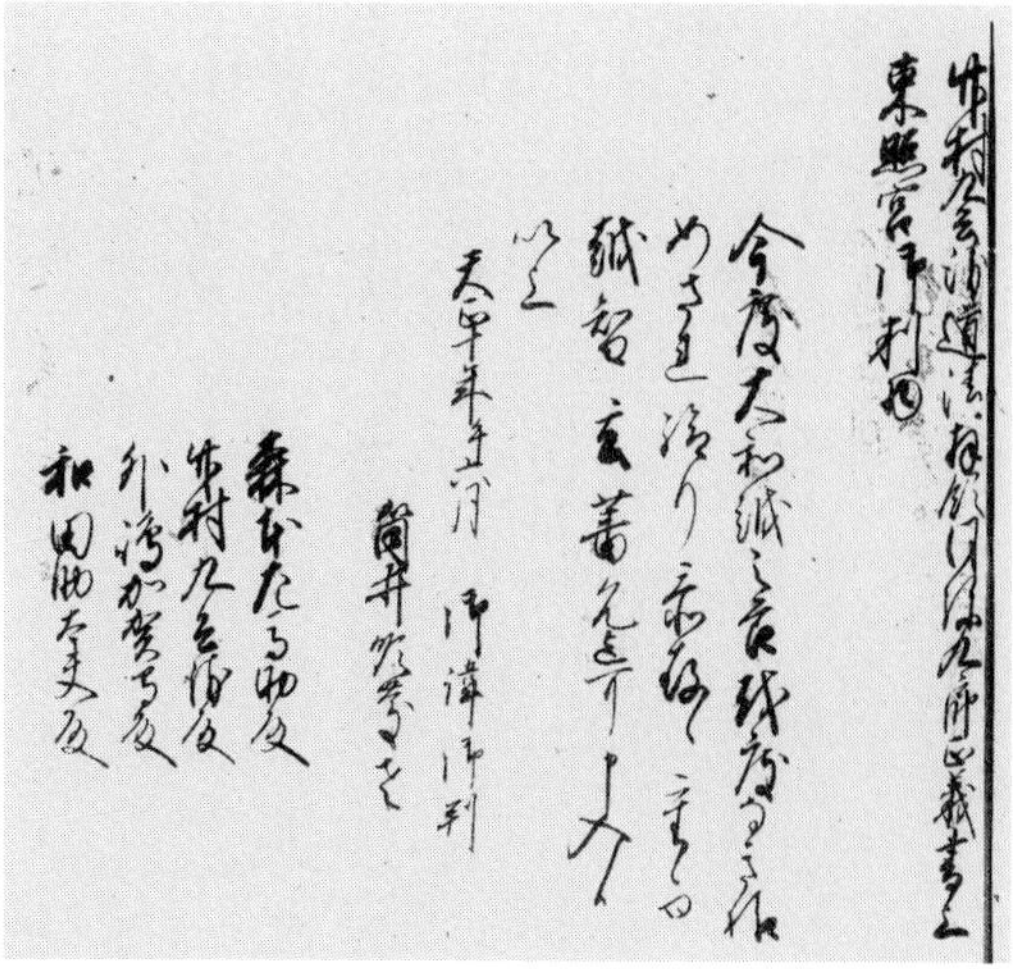

「東照宮御判物」とは家康の花押《かおう》や朱印のある文書という意味である。本書状は『記録御用所本　―近世旗本家伝文書集―』（下山治久編）にも所収されている。「記録御用所本」とは、徳川幕府が武家諸家から古文書を提出させた家伝文書集のことである。同書「序」によると、国立公文書館内閣文庫に『古文書　五』と題して保管されていた十三冊の文書

写で、最初の丁表には「記録御用所」の印が捺印されている。「全てが鎌倉から戦国期、江戸初期から最後は延享年間迄の古文書の忠実な書写」であり、「多くが徳川家康、もしくは秀忠・家光の三代将軍の文書」で、『古文書　五』の資料的な価値は相当に高い」と説明されている。

またこの書状は、徳川林政史研究所作成の「徳川家康文書　総目録」にも掲載され、その凡例には「本目録は、徳川家康が発給した文書（文書に花押や印判の据えられたものと、据えられていたであろう写しの類）、及びその筆跡となるものを掲げた」と注記されている。

以上から本書状の信憑性の高さを確認することができる。先の『当代記』や『石川正西聞見集』などと重ねると、家康が大和を越えた確率はかなり高くなる。と同時に、ではなぜ家康の大和越え説の声を聞かないのか、という疑問も浮上してくる。

かつて広吉寿彦氏は、昭和四十一年（一九六六）に「徳川家康の大和越え説」（『大和史学』第二巻第一号所収）で大和越え説を否定された。続いて翌四十二年、「本能寺の変と徳川家康―いわゆる「伊賀越」についての異説―」（『奈良文化論叢《ろんそう》』）で、大和越えを妄説とまで断じられた。また昭和四十六年には、久保文武氏がこれを引用する形で「家康の伊賀越危難考」（『伊賀史叢考』）を発表された。

ところが、広吉氏も久保氏もこの書状にまったく触れていない。広吉氏に至っては、竹村道清が家康の大和越えを助けた功で石見銀山奉行になった話が『寛政重修諸家譜《かんせいちょうしゅうしょかふ》』にある（22頁参照）ことを紹介しているにも拘わらずである。大和越えを断定的に否定するのであれば、この書状を俎上《そじょう》に載せたうえで自説を唱えるべきであった。広吉氏は、この書状や『当代記』など、大和越えのことを記した重要な史料の大部分を漏らしているのである。

これ以後、大和越えを異説として排除する場合において、広吉氏や久保氏の論文が引用されてきた経緯をみるとき、その影響は大きいと言わざるをえない。なお、『記録御用所本』に収められている竹村道清宛徳川秀忠黒印状や江戸幕府奉行連署条書（25頁参照）など、一連の竹村文書は史料的価値の高いものばかりである。この書状が単独で内閣文庫に所蔵されているのではないことを申し添えておく。

昭和三十三年刊の『徳川家康文書の研究』上巻（中村孝也）の天正十年欄に本書状は未掲載だった。本書状が捕逸文書として、同書の下巻之二に載せられたのが昭和三十六年である。広吉氏の前者の論文の五年前のことであるから、書状の存在に気付いていなかったのか。また久保氏の説は、広吉氏の説を前提にしたものだったから、本書状に焦点が当たることはなかった。本書状が次に掲載されたのが平成十二年刊の『記録御用所本』であり、この間、本書状は場外に放置されたままの状態であったといっても過言ではない。

この状況に一石を投じるため、私が奈良新聞の連載「大和の中世・つれづれ漫歩」でこの書状を紹介し、大和経由説の再考を促したのが平成二十九年三月のことである。『記録御用所本』刊行から私が奈良新聞に書くまでの間、この書状を取り上げた論考はなかったと記憶する。しかしこれが掲載されると、金松誠氏（兵庫県三木市教育委員会）が平成三十一年、『筒井順慶』（戎光祥出版）の中で、大和経由説も十分にありうる旨を書かれたのである。また本書状に、筒井順慶の名があることに違和感を覚えられた方も多いのではないか。これについても金松氏が同著で私見を述べているので、後で紹介したい。

本書状の本文に、越智玄蕃が登場することも目を引く。『信長公記』に次のような記事がある。天正五年（一五七七）十一月、信長が参内して天皇に自慢の鷹を見せた後、鷹狩りをしたところ、その鷹が大和方面に飛び去った。それを玄蕃が捕らえて持参すると、信長が非常に喜び、秘蔵の駮毛《ぶちげ》の馬などの褒美を与え、領地回復を約束したという。

当時、玄蕃は順慶の配下に甘んじ、信長にとっては陪臣だったが、信長への思いは人一倍強かったと思われる。順慶にしろ、玄蕃にしろ、登場人物の意外さが本書状の無作為性を示しているともいえる。

『寛政重修諸家譜』にある竹村道清の出世話

この書状に名を連ねる一人、竹村道清が竹内峠《たけのうち》（大阪府と奈良県の境）で家康を嚮導《きょうどう》した功績により、石見銀山奉行に抜擢されたという話が『寛政重修諸家譜』に載せられている。

竹村
今の呈譜に、橘氏にして楠正成が後裔楠弥太郎嘉元大和国葛下郡竹内峠の竹内村に住せしより竹村浄阿弥と名のる。善春は其男なりといふ。

●某
與吉兵衛　今の呈譜、善春に作る。大和国広瀬郡細井戸右近某につかへて其城をあづかり、元亀元年七月二十九日落城のとき討死す。法名善春。細井戸村の浄土寺に葬る。

道清
彌九郎　九兵衛　丹後　母は富松因幡《とまついなば》某が女
父討死《うちじに》のとき幼年たるにより、弟嘉理《よしまさ》とおなじく外祖父富松因幡が許《もと》に寓居《ぐうきょ》し、織田右府（信長）の命により、兄弟隔年に人質として近江国安土にあり。天正十年六月明智光秀が反逆により、東照宮境（堺）より台駕を旋され大和国竹内峠を越させたまふの時、嚮導したてまつる。このとき光秀が党萬材藤太郎某といふもの御跡をしたひしかば、道清其師宝蔵院胤栄より譲受たる大和の当摩がうちたる鳩ぎれと号せし鎗をもて藤太郎とたゝかひ、つゐにこれを突伏、已に帰御の後、筒井順慶、森本左馬助某、外嶋加賀守某、和田助大夫某と一紙の御書を下されて、其忠節を賞せられ、慶長年中弟嘉理とともに伏見城にめされて、采地《さいち》千石をたまひ、石見の奉行となり、寛永十二年六月十二日石見国にをいて死す。年七十五。今の呈譜七十三 法名道清、同国邇摩《にま》郡佐摩《さま》村の勝源寺に葬る。

寛永系図に、丹後某をもつて九郎右衛門嘉理が弟の系にかく。今の呈譜は、道清を兄嘉理を弟とせり。二人が年を推に、道清は永禄四年の生、嘉理は永禄九年の生なり。ひそかに按ずるに、寛永のときすでに道清が家たへ、ひとり嘉理が子孫より呈するところにして其譜伝粗略せるものか。よりて今の呈譜にしたがひこれを補正す。

嘉理　竹村小平太嘉邦が祖。弥吉　九郎右衛門

正方　六郎右衛門　喜多を称す。

萬嘉《かずよし》（一五九七—一六三六）—嘉廣《よしひろ》（一六三七—一六九五）—萬嘉《よしあきら》（一六五七—一六九八）—嘉會《よしあふ》（一六九〇—一七四七）—嘉徳《よしのり》（一七一二—一七八一）

—正僙《まさなみ》（一七四四—?）—正義《まさよし》（一七六〇—?）—正教《まさたか》（?—?）

『寛政重修諸家譜』は、寛政年間（一七八九—一八〇二）に徳川幕府が編纂した譜代・旗本の家譜集である。また「呈譜」とは、この諸家譜作成に際して幕府が譜代・旗本に提出させた資料のことであり、八代目の当主・正義が幕府に提出したのが、先に掲げた家康の書状である。

『寛政重修諸家譜』によると、道清の父・善春（法名）は「細井戸《ほそいど》右近某につかへて其城をあづかり、元亀元年七月二十九日落城のとき討死」したため、道清は、「幼年たるにより、弟嘉理とおなじく外祖父富松因幡が許に寓居」したようだ。これに関し、『多聞院《たもんいん》日記』の元亀元年（一五七〇）七月条に次の記事がある。

廿九日　今朝細井戸ノ城箸尾《はしお》ヨリ責落了《せめおちおわんぬ》、人数ハサシテ不損《そこなわず》、

『多聞院日記』によると、元亀元年（一五七〇）七月、松永久秀の与党である箸尾氏に攻められ、筒井方の細井戸城が落城している。細井戸氏の家臣だった道清の父の死の経緯は事実であろう。

この頃、大和では筒井方国人衆《こくじんしゅう》と、京都から侵入してきた松永久秀に与《くみ》する国人衆との間で戦いが繰り返されていた。細井戸氏と箸尾氏は共に現在の奈良県広陵町内に本拠を置いた国人だが、隣り合わせで敵対していた。

こうして竹村兄弟は箸尾氏と細井戸氏との合戦で父を亡くし、祖父のもとに預けられる身の上となった。そして父方の祖父・浄阿弥が竹内峠麓《ふもと》の竹内村の人だったことから、大和越えの起点である竹内峠と関わりがあった。竹内峠に詳しい道清に声が掛かり、大和越えを目指す家康一行の道案内をしたとしても、何ら不自然ではない。

竹村兄弟の異例の出世その一　道清、知恩院普請の奉行に

竹村道清は永禄四年（一五六一）、弟の嘉理は永禄九年（一五六六）の生まれとされる。そうすると元亀元年（一五七〇）に父を殺されたとき、兄は十歳、弟は五歳と幼かった。十二年後の本能寺の変のとき、兄は二十二歳、弟は十七歳に成長していたはずだが、どこかの武将に仕えていたような形跡はない。

ところが、変から二十年後の慶長七年（一六〇二）、道清は石見銀山奉行・大久保長安配下の銀山付役人になっていた（「江戸幕府奉行連署条書」下山治久編『記録御用所本』所収）。翌八年には、知恩院大改修（慶長の恢弘《かいこう》）の普請の役目を仰せ付かったようである。道清が石見国大森に建立した勝源寺作成の「道清公の事蹟」（昭和九年）に、「此の慶長大拡張の発願者は徳川家康公なれども、而《シ》かも其の大工事の局《キョク》に當《アタ》つて経営よろしきを得たのは普請奉行竹村九兵衛道清公である」と記載されている。知恩院の塔頭《たっちゅう》・崇泰院《そうたいいん》のホームページにも「1603年知恩院再建普請奉行」と紹介され、また碓井小三郎著『京都坊目誌』（大正四年刊）の「崇泰院」の項には、「知恩院内三門の北東側にあり。（中略）当院は徳川家臣竹村道清丹後守と称すの建立なり」と紹介されている。なお崇泰院という名称は彼の戒名に由来し、『知恩院』（知恩院。昭和二年）には「崇泰院殿勝誉道清大信士寛永十二年乙亥六月十二日の菩提所

である」と記されている。（傍点筆者記入。以下同じ）

『大谷本願寺通紀』（天明五年）に、「親鸞聖人墳墓、塔頭崇泰院地其旧跡也、今移在鳥部野、尚旧名称大谷、墓所正久寺即是也、又崇泰院東庭造石垣、其囲者、霊墳旧聖跡」とある。崇泰院がある場所は親鸞聖人の廟所があった地で、門前には「親鸞聖人旧御廟所」と刻まれた石碑が立つ。なおこの地にあった親鸞廟所は鳥辺山《とりべやま》（東山五条）に移された大谷本廟（西大谷）であるから、道清は四十三歳のときには相当な重責を担っていたことになる。

一介の浪人が、それも細井戸という没落した大和の弱小国人の家臣で、『寛政重修諸家譜』に当主としての実名が「某」としか記されない武士の子が、ここまで出世できるには相当な理由が存在したはずである。家や閨閥の力添えもなく、自分の実力だけでこれほどの頭角を現すことは通常ありえない。この知恩

知恩院三門（国宝）の北にある崇泰院。門前に「大谷本願寺故地」の碑（手前）と「本願寺発祥之地・蓮如上人御誕生之地・親鸞聖人旧御廟所・元大谷崇泰院」（左手の門前）の碑がある。

院大改修が家康の母・伝通院菩提のための特別な事業だったことを勘案すれば、家康股肱《ここう》の直臣か、よほど覚えめでたき家臣でなければとても叶わぬことであろう。裏を返せば、先の家康の感状こそが道清の出世の謎を説明できる鍵ではないだろうか。

竹村兄弟の異例の出世その二　道清、石見銀山奉行に

道清の出世はこれだけでは止まらない。慶長十八年（一六一三）には一千石を与えられ、石見銀山奉行になっている。石見銀山は世界遺産となった日本を代表する鉱山であり、徳川幕府の財政を支えた有力な銀山である。先代の大久保長安は石見銀山だけでなく、佐渡金銀山などの幕府直轄の大鉱山を支配する奉行だった。また天領六百万石の内百二十万石を支配する幕府の代官頭から年寄（後の老中）にまで上りつめ、徳川幕府草創期の財政を確立したともいえる人物である。道清は少なくとも慶長十七年（一六一二）には石見銀山の管理を任され、翌十八年に長安が亡くなると、その後継者となったのである。

大久保長安は大和の出身で、元は大蔵藤十郎長安という。春日社の大蔵座（金春流の傍系）の猿楽師の出で、父は金春禅竹後裔《こんぱるぜんちくこうえい》の大蔵大夫だった。その後、猿楽師として父子で

甲斐に渡る。長安は才覚を認められ、土屋名字を与えられて武田信玄の家臣となる。武田家没落の後、長安は徳川の重臣・大久保忠隣に見いだされ、大久保名字を与えられた。忠隣は本能寺の変のとき、家康に同行した一人であり、後にその子・忠総が『石川忠総留書』を著した。なお大久保長安が故郷奈良の代官になったのは、関ヶ原の戦い直後の慶長五年（一六〇〇）のことである。奇しくも家康危難行の途中で横死した穴山梅雪も武田家の家臣であった。

道清が奉行になった頃、龍源寺間歩《まぶ》（坑道）には水が溜まり、銀の生産量が大幅に減少していた。しかし彼の奉行時代に水抜き坑道が掘られ、生産量が一気に増加している。

慶長十九年（一六一四）の大坂冬の陣で徳川幕府は、「城櫓石垣等掘崩さ

右：世界遺産・石見銀山の龍源寺間歩（坑道）。道清の奉行期に水抜き坑道が掘られ、銀の生産量が飛躍的に増えた。その意味で道清は石見銀山の中興の祖といえよう。
左：道清が創建した勝源寺（大田市）。境内に道清の墓がある。道清は民心をはかることを基本として大森に勝源寺を建立した。なお彼の墓はこの寺の境内の片隅にある。

しむ」（『台徳院《たいとくいん》殿御実紀』）として銀掘りを集め、大坂城の外堀の水抜きを命じている。石見銀山奉行であった道清は、掘子三百人を大坂に送った（「山中市兵衛宛竹村道清書状」）。その石見の掘子たちは藤堂和泉守の攻め口である天王寺から水抜きを掘って功績をあげた。

『寛政重修諸家譜』に戻って道清の子萬嘉《かずよし》の記事を見てみると、「台徳院《（秀忠）》に近侍し、大坂両度の役にしたがひたてまつり、其後、御小姓組の番士」となっている。父の死後、石見銀山奉行を継いだが、萬嘉には子がなく、道清の弟嘉理《よしまさ》の孫である嘉廣《よしひろ》が竹村家を嗣いでいる。

竹村兄弟の異例の出世その三　嘉理、佐渡奉行に

才覚だけで出世していくことが困難な時代だったとはいえ、出世していく者が皆無だったわけではない。しかし不遇の身にあった道清が日本を代表する石見銀山の奉行に取り立てられただけでなく、弟の嘉理までもが当時世界最大級の金銀山を有する佐渡奉行になった事実をどのように理解すればよいのであろうか。

道清の弟・竹村九郎右衛門嘉理は、幼い頃に父を亡くし、祖父のもとに預けられるとい

う浪々の身にありながら、大和の幕領を預かる代官の一人に取り立てられる。『寛永諸家系図伝』には、「與吉兵衛（父）死後為浪人、然後《しかるのち》仕《つかふ》大久保石見守《（長安）》」とある。時期は不明だが、奈良代官・大久保長安の家臣となり、慶長十二年（一六〇七）には伊豆銀山を監督する一人になっていた（「戸田藤左衛門所蔵文書写」国立史料館所蔵）。元和三（一六一七）～五年（一六一九）には、大和天領約十一万石のうちの一万石を支配する代官になっている。

寛永四年（一六二七）、嘉理は幕府から元武田家家臣・鎮目《しずめ》惟明《これあき》と共に佐渡奉行を命じられる。『佐渡年代記』に、「竹村九郎右衛門は和州竹内村の産にて……大久保長安に随従し後に御家人に召し出され」と紹介されている。同時に佐渡奉行となった鎮目については、「関ヶ原御陣の時、将軍家に随ひ奉り……真田か《（が）》せり合の時、幕下にて七本槍と称せられし其一人にて武功の人也」とある。嘉理は、そうした武勲の勇士と同格の扱いだったというわけだ。

『寛政重修諸家譜』に、兄・道清の祖父が竹内村に住む楠弥太郎嘉元（浄阿弥）であったことや、竹内峠で家康を助けたことは書かれていたが、竹内村に居住していたことまでは記されていなかった。ところが『佐渡年代記』には「和州竹内村の産」とあることから、竹村兄弟は竹内村で成人したと思われる。そのため、竹内峠の間道に精通し、後に家康を嚮導しえたのではないか。

佐渡金銀山の最盛期には公納銀が一万貫を超えていたが、慶長十八年（一六一三）には千八百貫にまで激減していた。年代記によると、「近年、金銀山衰微して州民渡世を失ひ難儀せしむる趣《おもむき》、去年山仕共《やましども》江戸へ出て愁訴」したため、竹村と鎮目に白羽の矢が立ったという。

戦国時代が終わり、商品経済が拡大するに伴い、金銀の効用が高まった。したがって佐渡金銀山の生産量の落ち込みは、幕府財政にとって深刻な問題となっていた。竹村と鎮目は、幕府から極めて重要な任務を背負わされたわけだ。それで兄が奉行を務める石見銀山からも役人と技術者が派遣される。嘉理の郷里大和からも柿浪市左衛門・高田六郎兵衛・西川弥平・長井伝左衛門・堀内兵左衛門・万才弥左衛門・山田半右衛門・山本又左衛門という役人が佐渡に派遣されている。なお大和以外の畿内からの派遣はほとんどない。

『佐渡国志』は、「鎮目・竹村二奉行ノ時ハ、相川鉱山ノ極盛時代ニシテ」と記し、佐渡最大、つまり日本最大の金銀山における鎮目・竹村の業績を紹介している。また「其《そ》ノ施設、宜《よろ》シキヲ得テ人民ヲ安堵セシメ後世マデ謳歌セシメシハ共ニ、能《よ》ク其ノ任ニ適シタルナラン」として竹村と鎮目の治世を称えている。

この嘉理について『寛政重修諸家譜』は、「大久保石見守長安に仕へ、慶長十八年長安罪に処せられしのち、伏見城にをいて東照宮にまみえたてまつり、寛永四年七月晦日佐渡の奉行となり」と記す。繰り返すが、慶長十八年というと、佐渡鉱山が衰微していた時期であり、直々に家康に会った後に長安罪が許され、佐渡奉行として抜擢されたことに家康の配慮を感じる。

和田織部、高見峠で家康を助ける

では竹内峠を越えた後、家康一行はどこに向かったのであろうか。昭和四十年（一九六五）、安井久善氏（元日本大学名誉教授）が、『歴史教育』九月号の誌上で和田織部宛の家康の書状（次頁）を発表された。安井氏は、この書状と後掲の『大和記』をもとに、八木（橿原市）を通過し、大和と伊勢の境にある高見峠付近に回ったと推測された（71頁の図4参照）。

今度大和路案内殊《ことに》於高見峠相働之段祝著《しゅうちゃくに》候、
忠賞之儀ハ可行望ニ候、猶筒井へ申入候、恐々
謹言

六月十日　　家康 花押

和田織部殿

安井氏は、学会未発表のこの書状について「紙質、墨色、筆跡、花押等から判断して、当時のものと断定して支障はないように思う」と述べている。また金松誠氏も、その著『筒井順慶』の中で、花押も家康本人のもので間違いなく、一次史料として認められるとされた。

金松氏は、当時、順慶の妻は信長の養女であり、それが家康の妹「光源君」であった（「戸田家系校正余録」光源君事紀考）可能性についても言及されている。するとこの書状から、家康が高見峠周辺の道案内と保護を、順慶を通じて和田織部に依頼したことが想定できる。果たして、書状にある和田織部なる武士が実在したのだろうか。

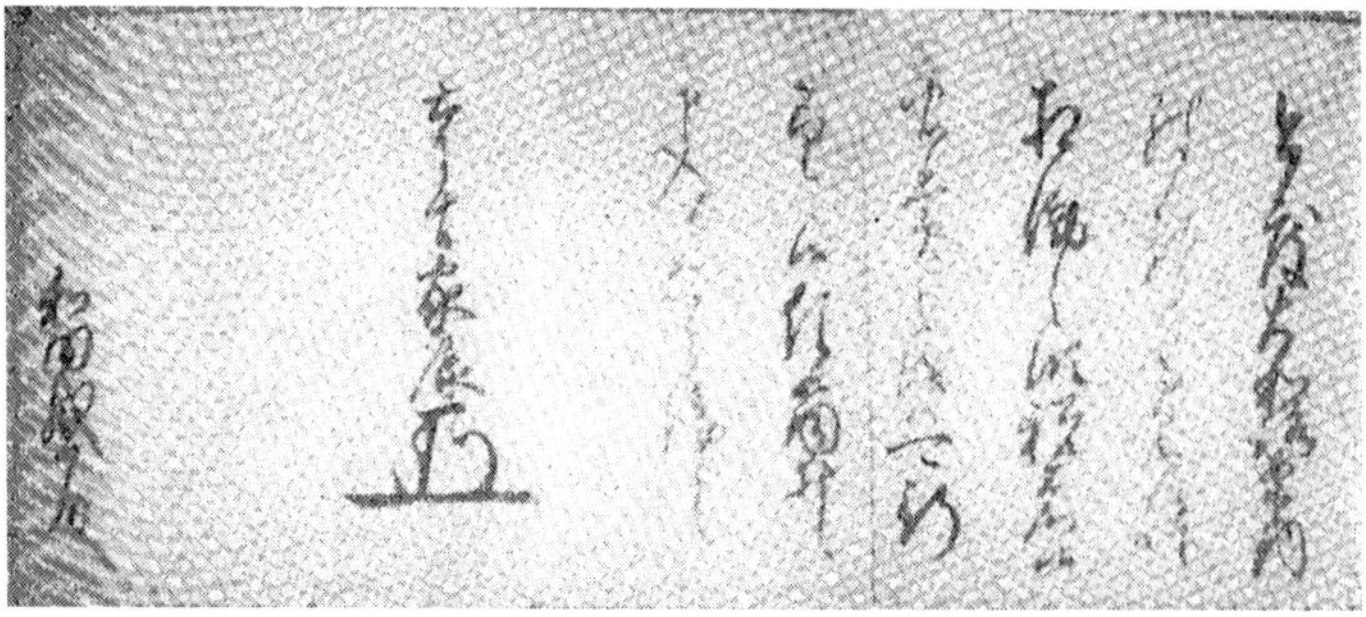

安井久善氏が『歴史教育』（昭和40年9月号）に「新資料「和田織部宛徳川家康書状」について」として発表された書状。京都北野大串貞一氏所蔵のものとあるが、現在は所在不明。

『筒井諸記』に和田織部宛の順慶の書状が載せられている（次頁）。これにより和田織部は大和に実在した武士だったことが推認できる。

　順慶の書状は、長安寺などの知行の扱いを和田織部に伝えたものと思われるが、その前後に信長から賜った古信楽の茶入れや、秀吉から賜った井戸茶碗「筒井筒」が図入りで披露されている。

　天正八年（一五八〇）に明智光秀に随行した堺の茶人・津田宗及《そうぎゅう》が、大和で筒井順慶の「落葉」と越智玄蕃の「末野」という天目茶碗を拝見していることが『宗及茶湯日記他会記』に見える。『筒井諸記』の内容から察すると、和田織部も茶湯を通じて交流があったのかもしれない。

正面が高見山で、その右裾が大和と伊勢の境にある高見峠。
峠を越えると伊勢神宮へと街道が続く。

「筒井諸記」（『大日本史料』第十一編之八）の天正十二年八月十一日の項に、織田信長から伝来して筒井順慶が所持していた古信楽や、豊臣秀吉から順慶が賜った「筒井筒」という名物の井戸茶碗が紹介されている。これらの茶器に挟まれて、順慶から和田織部に宛てた書状が掲載されている。

〔筒井諸記〕二（筒井舊領見承覺）

順慶公御筆寫、　本紙善住院所持、

尚々、等舊同道奉待候、水こやしれ見せ候よしよて候、

近日之無音之至候、沙曲（マヽ）ふのまれ、先日之風爐唯今出來候條、見可申旨、明朝等舊同道可有御下候、何用候ハヽ、無是非候、爲其一黒（墨）申候、恐々謹言、

五月三日　　　順（花押）

德軒進之、

右之外順敎筆一ふく御座候事、

右大臣信長公ヨリ傳來、大君順慶公御所持、

古信樂茶入

銘青苔

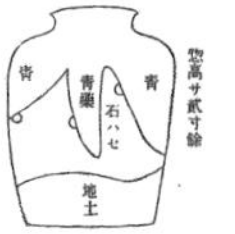

袋時代金襴、

外ニ替袋貳ッ添之、

唐物、青貝ヒキエ、皮ノ袋ニ入、外箱桐、

右茶入法隆寺善住院ニ所持、

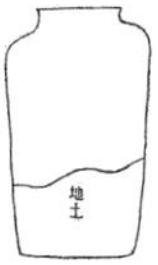

左之通御書簡、細川殿勝元公一通、

大君順慶公ノ一通モ御本紙、　郡山太田又右衛門所持仕候

○勝元書簡略ス、

尚々、長安寺、洞泉寺儀、無別儀可有知行候、此方不申候、

洞泉寺由緒之儀、委細從光明寺承候條、則得其意候、如先規、於向後、全無相違知行可被納候由、急度可被申後（渡カ）、爲其一筆令啓候、恐々謹言、

十一月七日　　　筒井順慶判在之、

和田織部殿

井戸茶碗圖

世ニ筒井筒ト云、

五ツニわれ在之候、

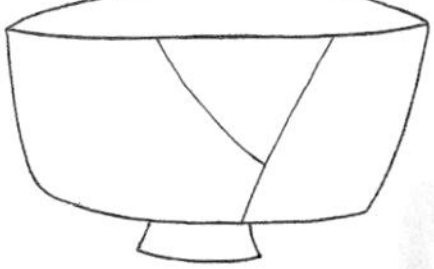

惣高サ曲尺貳寸五分、但高臺モ𨻶成寸法重而可改候、

右茶碗傳來之覺

大閤秀吉公ヨリ大君順慶公ね賜リ候由ニ而、成身院殿所持、

御歌一首添之、

筒井筒いつゝに

―

われし井戸茶盌

―

―

御茶碗幷傳來書モ南都ニ在之候由、當事（時カ）所藏不相分候也、

仙台藩、大和の和田を破格の厚遇

仙台藩『伊達世臣家譜』の「着座之部」和田氏の条に、「称二半之助(初称伝三郎又隼人又織部)房長一」として和田織部の名が見える。この和田織部房長の父・為頼については、「為頼其従弟松倉式部者《は》、為二和州高取城主一、因住焉《ここに》、貞山(伊達政宗)公時在二伏見一、新賜二田一千二百石六斗之禄一、挙二于永代着座一」とあることから、大和出身の武士であったと思われる。父の従弟《じゅうてい》(年下の従兄弟《いとこ》)松倉式部が高取城主だったので高取に住んでいたところ、貞山公(政宗)が伏見にいた時に、千二百石六斗の禄と永代着座の家格を賜ったという。

「松倉式部」とは『断家譜』に見える松倉重正(重政。一五七四―一六三〇)の父・勝重(重信。一五三八―一五九三)のことと思われ、『寛政重修諸家譜』では重政の父・重信のことか(40頁の系図参照)。また本能寺の変の翌年である天正十一年(一五八三)十二月、松蔵弥八郎が豊臣秀吉から高取城と三千石の知行を与えられたことが『多聞院日記』に見える。それまでの高取城主は越智玄蕃だったが、八月に宇野主水《もんど》の配下に殺害された(『宇野主水《もんど》日記』)ため、松倉家が後を任されたと思われる。『多聞院日記』にある松蔵弥八郎を松倉重信(勝重)と考えれば、松倉式部が高取城主だったという『伊達世臣家譜』の内容と合う。また、先の竹村宛書状に見える越智玄蕃と、松倉家・和田家との関連も垣間見えてくる。

『伊達世臣家譜』より百年以上も古い『仙台藩家臣録』（延宝四年〈一六七六〉）に「拙者養父和田因幡十三・四歳にて伏見に於いて貞山様《（伊達政宗）》召し出され、御知行百弐、三貫之高に成し下され候」とある。松倉式部（勝重・重信）が高取城主だったのは、天正十一年（一五八三）十二月から、筒井定次が伊賀上野に転封《てんぽう》となる天正十三年閏八月までの二年弱の間である。和田因幡が天正十三年に政宗から召し出されたと仮定すると、因幡は一五七二年か、一五七三年生まれとなる。

重信は天文七年（一五三八）生まれとされるから、その従兄《じゅうけい》となる和田因幡は一五三七年以前の生まれとなり、これでは年齢が合わない。「従弟」は「従兄」の誤記か、それとも『伊達世臣家譜略記』に「有㆓和田因幡（初称主水）為頼者㆒。和州高取城主。松倉豊後守重政之親族也」とあることから、天正二年（一五七四）生まれの重政が「松倉式部」だったのかもしれない。これなら計算が合う。なお重政は大坂の陣の功績で肥前島原藩主となったが、死後に起こった島原の乱を招いたとされる武将である。

また和田因幡は、政宗から百二、三貫の知行で召し抱えられたとあるが、仙台藩は一貫文＝一〇石の貫高制を採っていたから、千二百〜千三百石に相当する高禄であり、この石高も『伊達世臣家譜』の内容と合致する。

『伊達世臣家譜』によると、和田因幡に永代着座の家格が与えられている。仙台藩では概ね武士（侍）を平士以上とし、門閥と平士に大別していた。門閥は一門・一家・一族・宿老・着座・太刀上という家格で構成され、寛文十年（一六七〇）時点で平士以上が二、七四二人（藩士は八千人以上）であり、千石以上の禄高を有するのはわずか七十人に過ぎない。『伊達世臣家譜略記』では門閥は百人で、うち着座は二十七人である。門閥中、太刀上が三百石から五百石であるのに対し、着座の大部分は千石以上であった。仙台藩における着座とは奉行（家老）になる資格のある家格で、それゆえ、仙台藩主の孫で岩田藩主の息が和田織部房長の養子となっているのである（41頁系図参照）。なぜそれほど上位の家格と俸禄が大和出身の和田少年に与えられたのか、常識外れの厚遇としか言いようがない。

しかし書状にある、「於《おいて》高見峠相働之段《あいはたらきのだん》祝著《しゅうちゃくに》候、忠賞之儀ハ可行望《のぞみにおこなうべく》ニ候」のくだりを重ねるとその謎も氷解する。和田因幡の父が、高見峠で家康を助けた恩人「和田織部」であることが真実味を帯びてくる。家康に対する諂曲《てんごく》（機嫌取り）や忖度《そんたく》の意図が政宗にあったのか、あるいは家康から頼まれたのか。和田因幡が伏見で召し出された理由について、和田家は語らない。

秀吉が伏見城（指月伏見城）を築城したのは文禄元年（一五九二）である。政宗は文禄二年（一五九三）閏九月に朝鮮出兵から帰国、この後、秀吉から伏見屋敷を与えられた。政宗は文禄四年（一五九五）夏まで一年半を伏見で過ごしている。松倉式部が高取城主だった時期より十年ほど後になるが、和田因幡が召し出されたのはこの頃かもしれない。
伏見時代に政宗は家康と緊密な関係を築いた。文禄四年の豊臣秀次事件では政宗関与の疑惑がかかった。新井白石の『藩翰譜《はんかんぷ》』に、「此度政宗が咎免《きゅうめん》されし事、偏《ひとえ》に徳川殿の御力なり」と、家康が裏で秀吉の怒りを和らげ、政宗を救った旨のことが書かれている。また秀吉の死後、政宗は長女の五郎八《いろは》姫を家康の子・忠輝と婚約させている。家康の恩人を抱える動機なしとせずか。もっとも家康の恩人の子ゆえ、家康からの口利きやご機嫌取りによって取立られたと揶揄《やゆ》されかねない事情など、和田家としては、外様藩の公式記録に書くことができなかったと推察する。

大坂落去以後、大和衆ハ大半ツブレ申候、和州へ落ラレ、古ノ領分ニ隠レ居テ死去ノ衆モ候。亦他国へ落テ後、奉公ニ出ラレ候衆モ御座候。亦ハ大和ニ牢々シテ後ニ直ニ百姓ノ体ニテ子孫ハ、弥《いよいよ》百姓ニ成由候モ有レ之候。（中略）秦楽寺殿ト申候ハ、是モ大和へ落テ、右ノ在所ニ隠レ居テ死去ニテ候。其子孫和田伊織ト申候へテ、仙台ノ陸奥守殿ニ被レ居候以上。

これは慶長二十年（一六一五）の大坂夏の陣以降の大和衆の没落の様子を書いた『大和

記』の記事である。秦楽寺《じんらくじ》は今も秦庄《はたのしょう》（奈良県田原本町）に残る寺で、秦河勝《はたのかわかつ》建立と伝えられる。秦氏の後裔を自認する世阿弥は『風姿花伝《ふうしかでん》』に、秦楽寺の前に金春《こんぱる》屋敷があったと記している。大久保長安について、金春宗家蔵『大蔵大夫家系図』の「金春正統幷大蔵系図」に、「大蔵大夫藤十郎　秦長安」とある。長安は金春座傍系（金春禅竹の後裔）の大蔵大夫家の出だった。『当代記』に「道知」の名が見える（61頁）が、道智（知）は長安の伯父に当たる。秦楽寺殿と長安の家とは交流があったか、それとも一族だったのか。

『伊達世臣家譜』によると、和田家の姓も秦である。『大和記』は「秦楽寺殿」の子孫が「和田伊織」で伊達家家臣とする。『二條宴乗記』の元亀元年（一五七〇）九月二十八日条に「秦楽寺城」、『和州国民郷士記』に「秦楽寺伊斎」の名が見える。「秦楽寺殿」の名字は和田で、仙台和田氏の祖だったか。これを関連付けるのが、次の系図（上）である。

◆『大和記』からの仙台和田家推定系図

秦楽寺 —— ○（和田織部？） —— ○（因幡為頼？） ┄┄ 伊織（和田）　仙台陸奥守に仕える。

◆『寛政重修諸家譜』（『断家譜』）による

松倉家系図

政秀（弥七郎） —— 重信（勝重・右近・式部）
秦楽寺因幡守 —— 女
重信＝女 —— 重政（重正）

注：（）内は『断家譜』の内容

「秦楽寺」が共通することから、松倉家系図にある「秦楽寺因幡守」の父が『大和記』にある「秦楽寺殿」で、『和州国民郷士記』の「秦楽寺伊斎」だったのではないか。これを参考に、『伊達世臣家譜』を重ねると、次のような系図を推定することができる。

◆大和松倉家と仙台和田家の推定合成系図

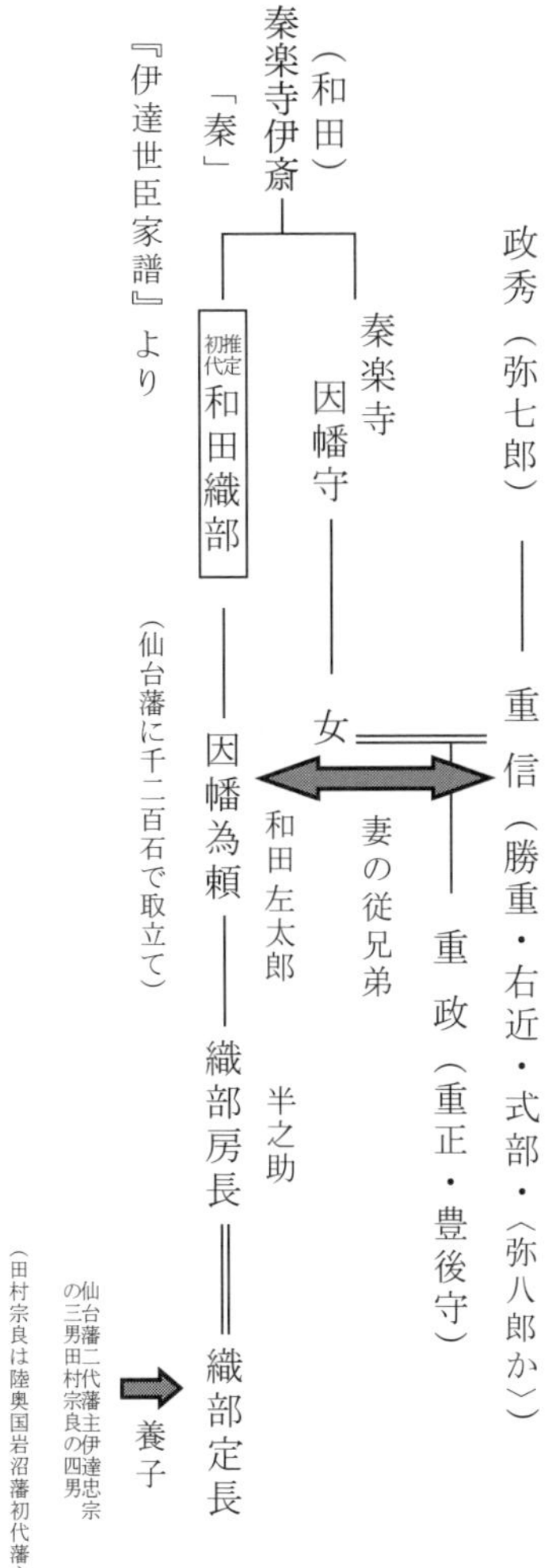

このように秦楽寺因幡守の弟を家康書状にある「和田織部」と仮定すれば、大和松倉家の系図と仙台和田家の系図が重なる。為頼が伯父の「因幡」を名乗り、その子・房長が祖父の「織部」を襲名したのではないだろうか。

為頼は低湿地の多かった仙台の新田開発に尽力した。奉行になった後、政宗から植林を命じられ、これが「杜の都」仙台の出発点となった。房長も貞山運河の開削や七北田川の付け替えなど、仙台の開発に貢献した。その後も、和田家当主は代々「和田織部」を名乗り、仙台藩の名門として続く。幕末の戊辰戦争では和田織部為泰が藩の執政として戦ったが、敗戦の責任を問われ、切腹を命じられた。仙台市にある大和神社の碑には、「義義義　知證院殿和田織部為泰之碑」「戊辰之役義死」と壮絶な文言が刻まれている。大和神社は和田家が大和出身だったことから祀《まつ》った社《やしろ》である。

和田家が祀った大和神社（仙台市宮城野区）。東日本大震災の津波に襲われたが大和神社は奇跡的に残った。この写真は平成29年3月に撮影したものだが、区画整理事業のため神社は移転し、鎮守の森はなくなった。

『大和記』から

竹村道清ら宛家康書状と『当代記』から、家康が竹内峠を越えて高田を訪れたことが推定される。そして和田織部宛の家康書状からは、家康が高見峠付近を通過したことが現実性を増す。では高田から高見峠までは、どこを通ったのであろうか。これに関する『大和記』の記述を読み下し文で掲げる。

明智光秀、信長公に対し逆心の節、権現様には穴山梅雪御同道にて、摂津国堺の浦に成られ御座候処《ところ》に、京都の様子御聞き遊ばされ、取る物も取り敢えず、堺より直に大和路へ御退き遊ばされ候。大和には筒井殿、光秀方に致されると御聞き遊ばされ、御気遣いに思《おぼ》し召し、先ず大和の国と河内の境、竹ノ内峠と申す処より、布施左京方へ御使あり。此の辺の案内、御頼み遊ばされるべき由也。布施申し上げ

図2　『大和記』ルート

るは、唯今の折柄に候間、京都へ聞へ如何存じ奉り候へども、案内者進上仕り候とて、家老吉川主馬之助と云う者を、竹内峠まで指遣らす。則ちこの者を召し連られ、その道筋を直ぐに東の方へ、御先は穴山殿都合し、三百計《ばか》りにて御通り遊ばされ御座候処に、竹内峠より二里半計り東に、屋木（八木）ト申す処に御座候。その東の町はずれに天神山（耳成山）と申す小さき山御座候が、その山隠より石原田と申し候。大和中の悪党は五十人計り罷り出、時の声をあげ鉄砲を五六挺打ち懸け申し候。梅雪は申し及ばず、権現様にも二三町御引き退き遊ばされ候所に、右の主馬之助真っ先に進んで、悪党どもを追い払い候故、その所をば無事に御通り遊ばされ候。それより東の山中まで御送り奉り、主馬之助は罷り帰り候。その時その使いに御褒美為し御長刀一振下されるの由申し候。それより十市へ御使あり、御頼み遊ばされ候とも申し候。またはカマノ口（「釜ノ口」か）と申す所御通り遊ばされ候が、その処の出家を御頼み遊ばされとも申し候。それより山伝いに伊賀路へ御越し遊ばされ、漸々三河へ入り遊ばされ候由申し候。

『大和記』は、大和郡山藩主・本多内記（政勝）の命により、三ツ枝土左衛門が寛文年中（一六六一―七二）初期に著したことが跋文《ばつぶん》に記されている。確かな史料という評価はされていないが、史実を反映した箇所がかなり含まれていることは間違いない。

例えば「布施左京」は、永禄元年（一五五八）の起請文（『談山神社文書』）に、「布施左京進行盛」としてその名が残ることから、実在の武将であることが確認できる。子の彦七は、越智氏の養子となった越智玄蕃頭家秀である（『多聞院日記』）。「越智玄蕃」は竹村道清ら宛家康書状（17頁）に登場し、茶湯を通じて堺の津田宗及とも交流があった（34頁）。また「布施左京」は、家老「吉川主馬之助」に家康を案内させるが、同日記天正五年（一五七七）八月二十五日条に、布施左京進が孫の弥七（布施行国）と家臣の吉川らの介錯で生害したとある。『大和記』の「吉川主馬之助」が『多聞院日記』の吉川と重なる。また「十市」氏に協力を求めたとあるが、同日記によると、布施二郎（左京の子か）が十市氏の聟養子となって新二郎を名乗り、十市常陸介《ひたちのすけ》と跡目を争っている。つまり、『大和記』の登場人物はすべて布施一族である。堺ともつながり、南大和から伊賀に通じる道にネットワークを有していたことを一次史料で確認することができる。適当な地点に替馬を用意し、効率よく家康を逃すことも可能だったのではないか。

『寛政重修諸家譜』の酒井重忠項の「東照宮《家康》……大和路に御馬を向《むけ》られ」という記事や、次項に掲げる「吉川家先祖覚書」の「御馬拝領仕り」との記事は、家康が馬を使ったことを連想させる。当時の武士が使った馬は現在の小型の日本馬とは異なり、モンゴル馬と遺伝的に近い（戸崎晃明「日本在来馬の系統解析」『馬の科学』40巻 競走馬総合研究所）、中型の逞《たくま》しい馬だった。モンゴル帝国では宿駅で馬を替え、一日四百キロも走破したという（ノルベルト・オーラー『中世の旅』）。南部馬（明治に絶滅）の血を引く北海道和種五十数頭すべてが成人男性を乗せ、富士山五合目から山頂までを五時間で登ったという（蒲地明弘『「馬」が動かした日本史』）から、伝馬《てんま》の威力は科学的にも根拠をもつ。

『大和記』の内容は、竹村や和田宛の家康書状や『当代記』を補完していると思う。

芋ケ峠の意味　～「吉川家先祖覚書」と「十市遠光家譜」から～

初瀬街道沿いにある大和高田市礒野の吉川家に次の覚書が残されている。

先祖覚書

一、天正十年六月権現様和泉ノ堺ニテ信長公生害ノ様子聞コシ召サレ、御帰国ノ時大和路御通り遊バサレ候砌《みぎり》、行路物騒《ぶっそう》ニ思《おぼ》シ召シ十市玄蕃遠光和州十市城主也 采地二〇万石余方江御使ニテ貴辺領内無為ニ下知頼ム思召《おぼしめし》ノ由也、遠光則チ家臣吉川主馬同次太夫ニ人数指添、河州山田村迄御迎ニ指越《サシ》夫《それ》ヨリ高見峠迄供奉《ぐぶ》御道筋《おみちすじ》御案内仕り候処、万歳藤四郎(当麻ノ東万歳村ノ者)竹之内(山田村ヨリ一里東也)ト申処エ指向《さしむけ》襲奉ラント相議スル処十市玄蕃頭方ヨリ御見届有之由伝エ聞キ件ノ企相止メ候事

一、和州長尾村(山田村ヨリ一里十一町東也)八幡ノ社エ入ラレ御休息ノ節、十市玄蕃頭ヨリ御弁当献上、其時吉川父子働キ御感ニテ御盃下賜御褒美ノ為御馬拝領仕り候事

一、和州石原村(山田村ヨリ三里十三町東也)ノ領主石原源太数百人ヲ引具シテ八木辺ニ出向襲奉ラントスル処ニ吉川父子急ギ馳出、十市玄蕃頭下知ニテ吉川父子権現様供奉仕り候処、狼藉《ろうぜき》アリ、急ギ引退クベシト申ケレバ源太ツブヤキナガラ引退申シ候事

一、御道筋ノ儀初瀬越ハ石原村ヨリ初瀬榛原《ハイバラ》迄ハ四里余モ近ク御座候へ共十市領分ニテ御座ナク候故、野伏出御道ノ妨ニ罷成申ス可キ哉、石原村ヨリハ八木エ相掛リ芋峠ヲ高見エ宛成リナサレ候へバ、御道筋ノ遠路ニ御座候へ共、十市領分ニテ何ノ障リモ御座

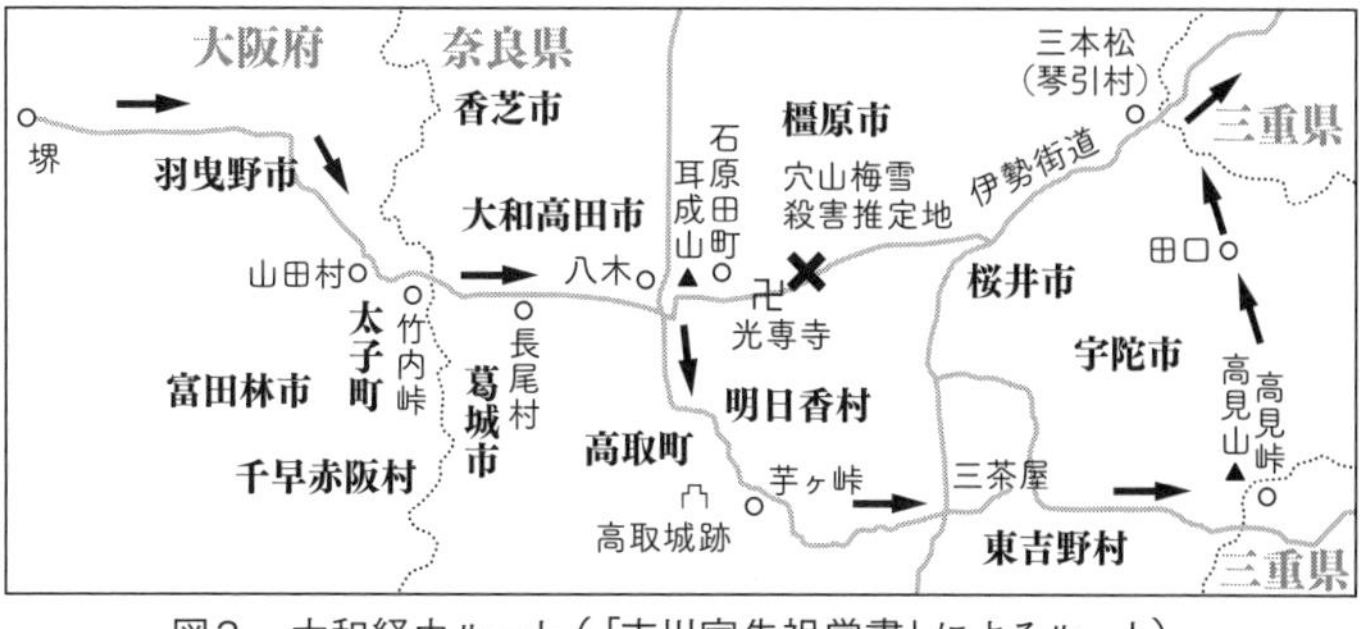

図3　大和経由ルート（「吉川家先祖覚書」によるルート）

有間敷《あるまじき》由申上、御許容ノ上高見峠御無事供奉《ぐぶ》仕り候、此処ニテ御暇下サレ御褒美トシテ御長刀一振拝領仕り候、然レドモ田口村峠金屋御一宿迄御跡ヲ慕ヒ奉リ御見届候事

一、穴山梅雪モ御同道ニテ候エ共、此砌《みぎり》故権現様ヲ疑奉リ十町余御跡ヨリ成ラセラレ候、是ハ案内ナシニ石原村ヨリ初瀬越ヲ直グニ通リナサレ候故、源太カ為ニ対死致サレれ候、此由高見ノ辺ニテ高聞ニ達シ、殊ノ外御立服（腹）ニテ即時ニ誅伐有之ノ処、此度ハ指置カレ、以後東国ヨリ如何様ニモ仰セツケラルベキ旨御近臣申上候由、此儀吉川父子罷帰十市玄蕃頭ニ告知ラス、之

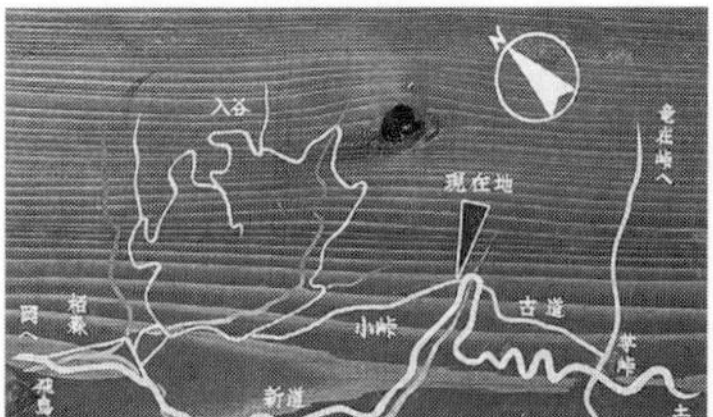

下：芋ヶ峠（後ろが古道）
左：小峠案内板の地図。飛鳥から吉野に続く峠道で、天武・持統天皇が吉野宮への行幸時に利用された。家康は芋ヶ峠を左折して高見峠を目指したのだろうか。越智玄蕃の高取城も近い。

ニヨリ家人磯野善兵衛（吉川主馬弟私曽祖父和劦磯野ヲ領スル故磯野ト改メ）ニ申付、其夜石原源太ヲ夜討仕リ源太ノ首伊賀ノ内琴引村ニテ（田口村より九里半艮方）実見ニ入レ奉リ御感有之、御褒美トシテ善兵衛ニ黄金五枚下シ置カレ候事

一、善兵衛儀源太ヲ即時ニ討取り申志ヲ感ジ、十市玄蕃頭家ノ雁金《カリガネ》ノ紋ヲ賜リ候事

一、河内山田村ヨリ高見峠迄供奉仕候、御道筋ノ絵図伊賀ノ琴引村迄具ニ書付御座候事

一、十市家ノ系図ト御道筋絵図ハ共ニ先祖ノ故主十市瑞庵ヨリ公方様へ指上ラレ候写、寛文三癸卯二月私方へ相遣ハサレ所持仕候事

吉川源五兵衛正次

右ハ貞享元年甲子三月、権現様御手筋ヲ以テ先祖働有之者ハ書付ケ、天下御改メニ付、中川清三郎迄系図ト共ニ二通差出シ申シ候控也

右覚書ノ内磯野善兵衛働ト御褒美被下物ノ儀御書付殿様ヨリ御改相済甲子九月公方様へ御指上ケ遊バサレ候由也

（傍線は家康が通過した地点として筆者が記入）

これは吉川家に伝わる系図の一部で、郷土史研究家だった堀江彦三郎氏の『吉川の名加《なが》礼《れ》』（一九六五年）に掲載されている。跋文には、貞享元年（一六八四）に書き付け、代官

の中川清三郎に提出したとある。以下、その内容を示す。

天正十年六月、信長自害の様子を聞き、家康様が帰国するとき、大和路を通られたが物騒と思われ、大和十市《といち》城（跡橿原市）主、十市玄蕃頭《げんばのかみ》遠光に使いを出された。領内を無事通過できるようにとの思いからである。遠光の家臣・吉川主馬と次太夫に人数を添え、河内の山田村（現大阪府太子町）までお迎えに差し出した。そこから高見峠（奈良県と三重県の境。東吉野村）までお供し道案内しようとしたところ、万歳村（現大和高田市）の万歳藤四郎が竹内峠で襲おうとする企て

上：吉野山口神社（吉野町）。紀州から伊勢に通じる和歌山街道とも呼ばれた伊勢街道筋にある。拝殿前には紀州藩主時代の徳川吉宗が参勤交代の安全を祈願し寄進した灯籠がある。芋ヶ峠と高見峠の間にある。奇しくも、大和越えのことを記す『創業記考異』を成立させた紀州藩の参勤交代ルートであった。

下：三茶屋（同）にある久須斯《くすし》神社。参勤交代で紀州藩主が昼食をとったことから三茶屋（御茶屋）と呼ばれた。

に気づいた十市玄蕃がそれを阻止した。

長尾村（現葛城市）の八幡社で休息中、玄蕃が弁当を献上すると、吉川父子の働きに感謝され、ご褒美として盃を賜り、馬を拝領した。

石原村（石原田村か）では、領主の石原源太が数百人を引き連れ、襲撃しようとしたため、吉川父子は玄蕃に急報した。家康様を供奉《ぐぶ》しているところを狼藉《ろうぜき》してきたので、引き下がれと申したら引きあげていった。

初瀬越えは、石原村から榛原《はいばら》（現宇陀市）までは四里余りで、十市領内は問題ないだろうが、野伏が妨害してくるかもしれない。石原村から八木（橿原市）を経て芋ケ峠《いもがとうげ》（明日香村、高取町などの境）から高見峠に向かうと（初瀬）街道から遠回りになるが、十市領内であり何の支障もないと申し上げると（この提案を）お許しになられた。無事高見峠に着くとお暇を下され、ご褒美として長刀を拝領した。しかし田口村（現宇陀市室生田口）の金屋で宿をとられるまで後を追い見届けた。

穴山梅雪も同行したが家康様から疑われ、十町（約1㌖）ほど後からついて来られたが案内者もなく、石原村から初瀬越えは直線だったので石原源太に殺された。このことを高見峠で耳にして（家康様は）非常に立腹され、「すぐに誅伐せよ」とのことだったが、「今は思い止められ、この後（帰国後）東国にて如何様《いかよう》にでも仰せ付けできましょう」と、近臣の者が申し上げたとのことである。このことを吉川父子が帰って玄蕃に報告すると、（玄蕃が）家臣の磯野善兵衛に申し付けて石原源太を夜討ちした。源太の首を伊賀の琴引村（現宇陀市室生三本松）で実見されると、善兵衛に黄金五枚を下された。善兵衛が石原源太を討ち取ったことを申し上げると、その志に感謝され、十市玄蕃家に雁金《かりがね》の紋を賜った。なお、梅雪の遺骸は光専寺（桜井市大福）に葬られたと伝わっている。

次に「十市遠光家譜」を掲げる。

権現様江十市玄蕃忠節申上候事

一、天正十年六月、東照権現様（徳川家康）為御遊興武田穴山（穴山梅雪）と堺塩風呂へ御温治被遊候刻、同二日信長公於京都御生害ニ付、五畿内及騒動候、其時秀吉公より廻状趣者《は》権現様を何方ニ而《て》もおしたひ奉留ものハ、以来は次第御取立可被成《なさるべき》旨ニ付、万々て権現様を奉待処ニ権現様右之様子被及聞召《きこしめしおよばれ》、瑞庵祖父十市玄蕃頭江《へ》大和路被為成御下向度被思召《ごげこうなさせられたくおぼしめされ》

穴山梅雪の墓と伝えられる五輪塔（光専寺、桜井市大福）

候間《そうろうあいだ》、御見届可仕との御使者被成下《なしくだされ》候、即《すなわち》玄蕃頭家老弐人ニ人数ヲ差添、河内国山田村道迄御迎ニ進し申候、夫《それ》より竹之内越を御供仕候、上ハ万歳之藤次郎差向《さしむかひ》相支申《あいささえもうし》候処、家老弐人罷出《まかりで》、玄蕃頭御見届仕段申聞遣候ニ付、人数拽取《ひきとり》申候、長尾村之八幡宮之前ニ而権現様江《へ》玄蕃頭ヨリ弁当差上申候へ者被為召上《めしあげなされ》候、家老弐人御盃《おさかずき》頂戴仕候、其上御馬拝領仕候、従夫《それより》石原村ニ而石原源太数百人を相催《あいもよおし》をそひ(襲い)奉らんと仕処ニ家老弐人彼人数を欠破《かけやぶり》無御恙《おつつがなく》御供仕候、石原村より初瀬越ニ被為成《なさせられ》御下向候へハ、伊賀路へ遠ク御座候共、外ニ路次無御覚《おぼつかなく》被思召《おぼしめされ》候ニ付、石原村より八木江御帰り芋ヵ峠へ御供仕、上市村ニ而暫ク被遊御休息《ごきゅうそくあそばされ》、和刕(州)勢刕(州)之境高見峠江供《ぐ》奉《ぶ》仕候、夫ニ而家老弐人御暇被下《おいとまくだされ》御長刀拝領仕罷帰《まかりかえり》候

一、権現様伊勢路より直ニ御外向被遊候へハ道筋遠ク御座候得共、前々騒動仕候ニより、又大和路へ入御、田口村鷹金《かりがね》屋所ニ被遊御一宿、翌日伊賀へ御越、琴拽《ことひき》村ニ被遊御一宿候刻、武田之穴山、権現様御跡より被通候処ニ石原源太討取、右之琴拽村へ同家来ニ彼首を為持御実検ニ入申、夫より江刕(江州＝近江)へ御通、三州(三河)へ渡御被遊候

一、従三刕(州)玄蕃頭方へ為御礼、高麗鷹二羽黄金五拾枚被下置候（以下略）

（広吉寿彦「本能寺の変と徳川家康──いわゆる「伊賀越」についての異説──」『奈良文化論叢』一九六七所収）

家康一行は八木から伊賀を目指して初瀬街道を急いだが、危険を察知し、芋ヶ峠方面に迂回したとしよう。芋ヶ峠は高取城のある城山の北麓を通り、同城の搦手《からめて》門（裏門）である吉野口門に通じていた。よって、城主・越智玄蕃の協力なしに、芋ヶ峠を通過し、高見峠方面に向かうことは困難である。警護や道案内だけでなく、食事や替馬なども必要だったはずだ。竹村道清ら宛家康書状に越智玄蕃の名があり、その実父が『大和記』に登場する布施左京であることから、芋ヶ峠通過にはそれなりのリアリティを感じる。

ただ、『大和記』では吉川主馬は布施氏の家老だったが、家譜では十市氏の家臣になっている。また家譜には、十市玄蕃頭遠光は「十市遠勝一男」とある。十市遠勝は和泉久米田の戦い（一五六二）などで活躍した武将だが、長男がいたとの確認はとれない。『大和記』でふれたように、嫡子不在のため布施氏から新二郎が婿養子に入り、遠勝の弟・常陸介《ひたちのすけ》遠長との間で家督争いが生じている。十市家の直系を主張したい家譜としては布施氏のことは邪魔であり、布施や越智の名が家譜から消えたものか。

『当代記』の元亀三年（一五七二）八月十二日条に、高取発祥の越智観世のことが載せられている。「於㆓遠州浜松㆒能有㆑之。観世大夫・同駿河に先年居住のをち《(越智)》観世十郎、両人行㆑之」として、越智観世十郎が家康の前で能を舞っている。なお『当代記』によると、元亀元年（一五七〇）六月に、家康は岡崎城から浜松城に移っている。

かつて世阿弥は、将軍足利義満の寵愛を受けたが、世阿弥と子の元雅は六代将軍義教から弾圧を受けた。世阿弥は佐渡に流され、元雅は京を逃れ越智氏を頼った。越智氏庇護のもと元雅は観世十郎を名乗り、「京観世」に対し、「越智観世」を立ち上げる。その後、越智観世は廃れたが、数十年後に越智観世十郎が再興を図り、浜松で家康に仕えた。越智観世十郎の弟で京観世の宗節も遠州に移り、家康から愛護された。江戸時代、観世大夫家が能の筆頭の地位を占めるに至った背景には、このような経緯があったわけだが、その原点は越智氏が観世元雅を保護したことに遡る。高取城足下の芋ヶ峠を支配する越智玄蕃と、芋ヶ峠を目指した家康との間には、奇しくも観世能を通じての縁があったことになる。

伊達政宗は又右衛門という酒造り職人を大和から招聘《しょうへい》し、酒の製造を始めさせた。これが仙台の清酒の嚆矢《こうし》となったわけだが、政宗は又右衛門の出身地にちなみ、榧森《かやもり》を名乗ることを許した。芋ヶ峠へ行くには栢森《かやのもり》（明日香村。48頁の案内板の写真参照）を通過する。高取から仙台に渡った和田因幡が又右衛門を推挙したことも考えられる。

『当代記』、竹村道清ら宛や和田織部宛家康書状、加えて越智観世の縁まで重ねると、芋ヶ峠通過には、創作や偶然としてだけでは考えられない要素が絡み合っている。改めて『当代記』の有意性を確認できたのではないか。『当代記』にある「大和路」や、家康書状にある「越智玄蕃」には、それだけの重みがあるということを指摘しておきたい。

『当代記』再検証

江戸初期の有力史料、『当代記』に家康の大和越えのことが記されていることは前述したとおりである。ここではその記述を再掲し、『当代記』について再検討してみたい。

家康、於レ堺聞二此事一、大和路へかゝり、高田の城へ被レ寄《よられ》、城主へ刀幷《ならびに》金二千両被レ下《くだされ》、其日に被二相立一、六月四日、三川国大濱へ舟にて下着し給《たまふ》、

（中略）

武田左衛門大夫甲州穴山こと も、家康公に相伴上洛之処、信長被レ薨《みまからるる》時、於二大和国に一一揆起て打果、息子勝千代武田信玄孫継二其塵一、駿州江尻に在城す、是も一両年中に令二病死一畢《おわんぬ》、さて穴山遺跡は絶果《たえはて》たり、

『当代記』は寛永年間（一六二四—四四）の成立とされ、同記を収める『史籍雑纂第二』の緒言に「本書の記者は、伊勢亀山城主松平忠明《ただあきら》なりとの説あれども、詳《つまびらか》ならず」とある。松平忠明説を採れば家康の外孫の著ということになるが、高柳光寿氏（元国学院大学教授）は『人物叢書　明智光秀』の中で、「松平忠明の著のようにいっているが、それは勿論

誤りである」と断じる。仮に忠明以外の者の手によるとしても、著者は家康近侍の者とみられ、徳川幕府創建前後のことが詳しく書かれた重要な史料であることに変わりはない。

『織田信長家臣人名辞典』の著者として知られる谷口克広氏は、『検証　本能寺の変』の中で、「江戸時代初期の政治・社会の様子を知るための基本的資料だが、信長の時代に関しては、小瀬甫庵《おぜほあん》の『信長記』に拠ったところが多く、決して信憑性の高い史料とはいえない。しかし、他の史料では見られないながらも史実と思われる記事が散見し、筆者が確実な資料をもとに記述した跡もうかがえる」と部分的に評価している。換言すれば、問題点は信用性の高い太田牛一《ぎゅういち》の『信長公記』に拠らず、甫庵の『信長記』に拠っている部分とも解釈できる。そこで天正十年五月以降の『当代記』・『信長記』・『信長公記』の記事を比較すると、詳しさはともかく内容は類似している。ところが家康の堺脱出に関する記事に限っては大きな相違が見られる。まず『信長記』の当該部分を掲げる。

徳川殿ハ和泉ノ境《堺》ニ御座シケルカ、信長公信忠卿御事ヲ聞届給ヒ（中略）伊勢路ヲ差テ夜ヲ日ニ継急せ給へ共、剛兵ハ疵ツク事ナシト云シ如ク一揆ノ奴原群渡テ物ホシサウニハ見ヘシカ共、中々手サス事ヲ得サレハ、三日ノ午刻ニハ桑名ニ著《着》給テ、其ヨリ舩ニテ熱田ヘ著津有テ事故ナク遠州浜松城ニ至テ御帰城被成ケルこのように『信長記』には、伊勢路という言葉が出てくるが、宇治田原も信楽も伊賀も登場しない。大和越えの記載もない。続いて『信長公記』の記述を見てみよう。

徳川家康公、穴山梅雪、長谷川竹、和泉の堺にて、信長公御父子御生害の由承り、取る物も取り敢へず、宇治田原越えにて、退かれ候ところ、一揆どもさし合ひ、穴山梅雪生害なり。徳川公、長谷川竹、桑名より舟にめされ、熱田湊へ舟着なり。

『信長公記』は宇治田原を越えたと記す。『信長公記』を信じると、大和越えの可能性は低くなる（竹村ら宛家康書状や『当代記』の内容を最大限尊重すれば、大和から宇治田原に抜けたと考えられなくもない。例えば『寛政重修諸家譜』の酒井忠次の項に、「大和路より河内を経て、山城国相楽郡にいたらせ」とあり、多羅尾光俊の項にも「大和路より河内、山城等の山川をへて」とある）。また家康が舟に乗った湊は桑名と記す。桑名は四日市から三里（約12キロ）以上も遠い。その意味で、『信長公記』の信用性について、どのように理解すべきか悩ましい。

『当代記』の著者は、『信長記』のみならず、宇治田原を経由したとする『信長公記』の内容も承知していたと思われる。『信長記』に欠けたところがあれば『信長公記』を参酌すればよいところを、そのどちらにもない大和越えをあえて記している。よって谷口氏が

『信長記』に依拠することをもって『当代記』の信憑性を疑問視する論拠は当てはまらない。『信長記』も『信長公記』も採用せず、独自に大和経由のことを書いたわけであるから明らかに意図的であり、確信をもって別の資料に依拠したと解さざるをえない。これこそ谷口氏が「筆者が確実な資料をもとに記述した跡」とした例ではなかろうか。

谷口氏は「史実と思われる記事が散見」できる例として明智光秀の年齢を挙げている。「比較的信用できる史料に、光秀の年齢が記されているのである。『当代記』である」、『明智軍記』などの五十五歳より、『当代記』付記の六十七歳のほうに信を置くのは当然の姿勢であろう」と評価している。

戦国・織豊期の研究者である柴裕之氏は、『戦国・織豊期大名徳川氏の領国支配』の中で、奥三河の山家三方衆の一人である奥平定能《さだよし》が、元亀三年（一五七二）に武田信玄の遠江・三河侵攻が開始されると、武田氏に従属したことの根拠として『当代記』の記述を挙げている。また翌元亀四年に家康が長篠城を攻撃した際、定能が織田・徳川方に回って、武田方と交戦するに至ったことについても、『当代記』を引用している。なお、定能の子・信昌の正室が家康の長女・亀姫であり、その間に生まれたのが松平忠明である。

高柳光寿氏は『当代記』の著者が松平忠明であることを否定したが、「『当代記』に光秀の子を十五郎としているのでなるほどと思った。（中略）それにしても諸書がこの十五郎を載せていないのは全く不思議というの外はない」と、この部分については『当代記』の内容を評価している。歴史学者にとって、『当代記』は決して無視できない史料であり、それゆえ『当代記』の再評価が求められるのである。そこで『当代記』巻二のうち、家康が堺から三河に帰った後の大和に関する記載を次に抽出してみる。

天正十二年

・筒井順慶、其外二万余、秀吉公の陣所につく、これによつて士卒快気と見えたり、

・八月、秀吉公尾州中通奈良表に出張、

天正十三年

・同八月、大和国替国主筒井順慶、去六月死去、彼遺跡被㆑移㆓伊賀㆒、則号㆓伊賀守㆒、大和の国者美濃守被㆓領納㆒、

・十月、多武峰に自㆓秀吉公㆒人数を被㆓指立㆒、則多武峰滅亡、

・延誉上人と云浄土知者有也、此僧先年大和国三輪の山に九年山居せられしに、

天正十六年

・大和大納言殿秀吉公舎弟美濃守の事、馬、（中略）大和大納言養子馬、

天正十七年

・七月、家康公能し玉ふ、道知鼓を打、奥平美作信昌去亥夏より於二奈良一伝二此道一、

天正十九年

・正月廿一日、大和大納言秀吉弟、美濃守事、死去、

・大和大納言死去已後、多武峰且々寺僧還住、但寺領は前々の十物一也（十二月条）

文禄二年

・自二去年比一、奈良町人金借と云事をし出し、指せる無二証拠一、只切手にて黄金を借引す、（中略）奈良上下迷惑相窮也（八月条）

文禄三年

・此春、吉野に為二花見一出御、則有レ能、

・此春、奈良近所に不思議神子出来、年十七計也、

この程度では問題視するほどでもないと思われるかもしれないが、そもそも各年の記事の量が少ないのである。大和大納言（豊臣秀長）等のメジャーな記事はともかく、その少ない記事の中に延誉上人や多武峰《とうのみね》の僧のこと、また奈良の金借や神子《みこ》のことなど、かなり細かな大和のことまで記している。『当代記』の著者は、信長の死を境に『信長記』と縁を切った。では誰が大和の地域情報を筆者に伝えていたのだろうか。

『当代記』・『創業記考異』の考察
〜『当代記』は松平忠明、『創業記考異』は紀州藩・李梅渓の作か〜

家康公於堺聞此事大和路ヘカヽリ、高田の城ヘ御ヨリ、城主ヘ刀并金二千両被下、其日ニ立給、六月四日、参河国大濱ヘ舟ニテ下着シ給、

これは『創業記考異』巻之二にある一文であり、これも大和越えを示している。しかも、本文は前項冒頭に掲げた『当代記』の一文と酷似している。送り仮名がひらがなとカタカナ、返り点の有無などに相違はあるが、両者はほぼ同文と見なして差し支えないだろう。そうなると、『当代記』と『創業記考異』との関係が気になる。

国会図書館の書誌情報に、『創業記考異』は「徳川家康一代の事績を編年体で記した伝記書。漢字カナ交じり。所々に字下げで「一説」（異説）を中心とした補注を付す。巻九の末尾は大坂夏の陣の前の元和元年（慶長二十年）正月十九日まで。第十冊「創業記補」にはそれ以降、正保二年十一月の宮号勅許までの関係記事を収める」との解説があるが、著者の情報はない。『国書総目録』（岩波書店）には、「松平忠明著、徳川光貞補」とある。

ところで、内閣文庫所蔵本の第一巻の表紙に、次のような貼紙がある。

創業記ハ当代記中　東照公（徳川家康）ノ事ニ関ル者《もの》ヲ抄シ、此名ヲ命スルニ似タリ、作者詳《つまびらか》ナラサレトモ、松平忠明ノ著ト云伝ヘリ、忍藩《おしはん》ヘ照会セシニ一向知ラスト答ヘリ、考異ハ紀州南龍公《なんりゅうこう》、其臣ニ命シテ著撰セシメ、幕府ニ献スル所也、

忍藩（藩庁・現埼玉県行田市）に照会したのは、文政六年（一八二三）に入封した奥平松平家九代目当主・松平忠堯《ただたか》の祖が松平忠明だったからであろう。『徳川実紀』中、第四代将軍家綱時代の記録である『厳有院殿御実紀』寛文十二年（一六七二）八月十七日条に、「紀伊中納言光貞卿より創業記攷（考）異を献ぜらる」とある。南龍公とは紀州藩主の別称であり、徳川光貞は初代南龍公の子で、二代目紀州藩主である。この貼紙の記述と『厳有院殿御実紀』の記事の内容とが照応する。つまり紀州藩主が作成させたものが『創業記考異』であり、それを家綱に献じたことになる。

『南紀徳川史』第六冊に、李梅渓が「寛文十二壬子年八月　権現様御、、創業記御年譜御用三拾ヶ年之間出精相勤《せいだしあいつとめ》出来《でき》候付為御褒美御加増被成下《なしくだされ》知行三百石被仰付《おおせつけらる》」と記されている。この内容は『厳有院殿御実紀』とも矛盾しない。よって、『紀藩士著述目録』（斎藤勇見彦編。一九〇八）や『和歌山県史』も、『創業記考異』の著者を李梅渓としている。

『創業記考異』第十巻の巻末に、「正保二年十一月十七日　勅シテ宮號ヲ賜ル　勅使ハ菊亭大納言《（今出川経季）》　宣命使ハ官務　創業記補終」という跋文がある。この日付から考えると、家康の十男で初代紀州藩主である徳川頼宣《よりのぶ》が、正保二年（一六四五）に同藩の儒者・李梅渓に命じて父・家康の記録をまとめさせ、梅渓は足かけ二十八年かけて完成させたことになる。『南紀徳川史』にある「三拾ヶ年之間」とはこのことを指しているのだろう。

以上から『創業記考異』の著者は李梅渓であり、これに徳川光貞が補して将軍家綱に献じたという結論に至る。ところで内閣文庫所蔵本の一つに、跋文の後に次の一文を加えたものがある。

此書舊《（旧）》本故柸《（松）》平下総守忠明所記、而間冊訂焉、且有校加、則低一字、書之末一冊補讀《（読）》、本書之所闕也

【訳】この書の旧本は、故松平下総守忠明が記したものである。それを（私が）巻数を改め、校合《きょうごう》を加えて一字低く書き、一冊（「創業記補」）を補った。これは本書の欠けた箇所（に対するもの）である。

これによると旧本をもとに巻数を改め、校合（異本がある場合、それを比べて異同を調べること）を加えたのが『創業記考異』と解されるから、この旧本とは、『創業記考異』に類似した本で、かつ巻数も異なる別の本と推定できる。そしてその旧本の著者が松平忠明だった。忠明の母は家康の長女・亀姫であるから忠明は家康の外孫である。つまり、松平忠明・徳川光貞という孫二人が『創業記考異』に関わったことになる。

参考に、本能寺の変のくだりをそれぞれ抜き出し、比較してみよう。なお、『当代記』の文中、「（略）」とある部分は、『創業記考異』に当該箇所がないことを示している。

『当代記』巻二

二日の曙、信長の宿所本能寺取巻、弓鉄炮打込、信長聞レ之給、謀反か何者そと問給、森の乱走出、惟任反逆由言上、不レ及二是非一儀と曰、弓を取矢数射させ給、屋代勝助已下厩より出、相戦て討死す、此勝助馬の段の目聞、奥州の者也、近習の輩、同小性衆無二比類一相動間、暫支けれ共、寄手大勢故、皆以令二討死一、信長御弓の弦切けれは、鑓を以戦はせ玉ふ時に、右の肘を被レ突れさせ給、内へ入給、（略）後焼死玉ふか、終に御死骸見へ不レ給、惟任も不審存、色々相尋けれとも無二其甲斐一、年四十九、信忠此旨聞給、本能寺へ可レ有二御籠一とて出給所、村井春長親子三人参上して、本能寺ははや火懸て事終て候、

妙覚寺へは御帰不レ可レ有、二條の新御所へ被レ為レ籠尤と言上、則二條に御移、(略)
及二午刻一惟任一萬計にて押寄、二條に相籠(略)信忠御切腹給、(略)

『創業記考異』巻之二

六月二日ノ曙、明智日向守信長ノ宿所本能寺ヲ取巻、弓鉄炮打込、信長聞之給、謀反カ、何者ゾト問給、森ノ蘭走出、明智反逆ノ由言上ス、不及是非儀トノ玉ヒ、弓ヲ取、矢数射給、屋代勝介已下厩ヨリ出、相戦テ討死ス、（此勝助馬ノ段ノ目キヽ奥州者也）近習ノ輩同小姓衆、無比類相働間、暫支ケレ共、寄手大勢故、皆以討死、信長御弓ノ弦切ケレバ、鑓ヲ以テ戦ハセ給フ、時ニ右ノ肘ヲ被突給、内へ入給テ後、焼死給カ、終御死骸不見、明智モ不審ニ存シ、色〻相尋ケレドモ、無其甲斐、（年四十九）信忠此旨聞給、本能寺へ可有御籠トテ、出給処、村井春長親子三人参上シテ、本能寺ハ、ハヤ火懸リ事終テ候、妙覚寺ヘハ御帰不可有、二條ノ新御所へ被為籠、尤ト言上ス、則二條へ御移、及午時、明智一萬許ニテ、二條へ押寄、信忠腹切給、

両者を比較すると、家康が「高田の城」を訪れたくだり同様、送り仮名や返り点の相違や、「惟任」と「明智（日向守）」、「給（ふ）」と「玉（ふ）」などの漢字を異ならせている

点を除き、『当代記』を抜粋したものが『創業記考異』であると見なすことができる。
巻之二から三にかけても同様の抜粋文で構成され、『当代記』にない文を記すときは、国会図書館の書誌情報のとおり、「字下げで「一説」（校合・異説）」が書かれ、「此書舊(旧)本故枩(松)平下総守忠明所記而間冊訂焉且有校加則低一字書之」という執筆方針であったことも確認できる。

例えば、この「低一字」（一字下げ）の校合として、「大和路へカヽリ、伊賀路ヲ経テ、江州信楽ニ至給多羅尾カ城へ御入、暫御休息有テ」という異説が紹介されている。これらを総合すると、『当代記』巻二は『創業記考異』の旧本である可能性が高い。そうすると、『当代記』巻二の著者は松平忠明という結論に至る。『史籍雑纂第二』の緒言が筆者を松平忠明としたことには、それなりの根拠があったということだ。天正十七年七月の奈良での能の記事に、父・奥平信昌の名が見える（61頁）が、これも合点がいく。

忠明は、元和五年（一六一九）から寛永十六年（一六三九）にかけ、二十年間も大和郡山藩主として大和を治めた人物である。竹内街道から1キロほど北に千股池《ちまた》（香芝市良福寺）という大きな溜池があり、堤に「寛永五戊辰年松平下総守(忠明)様御代新被成下《あたらしくなしくだされ》」と刻まれた石碑が立っている。溜池築造を認めた藩主・忠明に対する顕彰碑である。溜池築造費は原則領主の負担となり、池床分の年貢も減る。領主にとってその裁可は重い。石碑から池越しに、家康が通過したとされる竹内峠が間近に望める。そのような地を藩領とした忠明が、祖父・家康の足跡を「大和路へか丶り、高田の城へ被レ寄」と書いた意味は大きい。

繰り返すが、松平忠明も、『創業記考異』を補した徳川光貞も家康の孫である。『御当家記年録』の著者である榊原忠次の母・祥室院が家康の養女（姪）だったから、忠次も家康の孫である。この孫たちは、小さい頃から祖父・家康の武勇伝を聞かされて育ったことだろう。家康の孫たちが記した祖父の大和越え伝は家康一族が語り継いだ譚《はなし》であり、それが出鱈目《でたらめ》であったはずがない。

松平忠明の千股池築造顕彰碑から竹内峠を望む。
（二上山に向かって左裾が竹内峠）

第2章　ついに明かされた『伊賀者由緒記』の真実

～「神君伊賀越え」は大和経由だった～

高見峠を越えた家康はどこに向かったのか

竹村道清の出世の背景には竹内峠で家康を助けた功績があり、それは家康の書状で裏付けられる。その後、和田織部が高見峠で家康を助けた。これも家康の書状で裏付けられよう。すると『当代記』だけでなく、『大和記』や「吉川家先祖覚書」も有力な史料として見直す必要に迫られる。その「吉川家先祖覚書」に「石原村ヨリハ八木エ相掛リ芋峠ヲ高見エ宛成リナサレ（中略）高見峠御無事供奉《ぐぶ》仕リ候」として八木から芋ヶ峠へ迂回し、高見峠までお供したとある。では高見峠から家康一行は、どこに向かったのであろうか。（47頁の図3参照）

『当代記』には、大和路以後は「三川国大濱へ

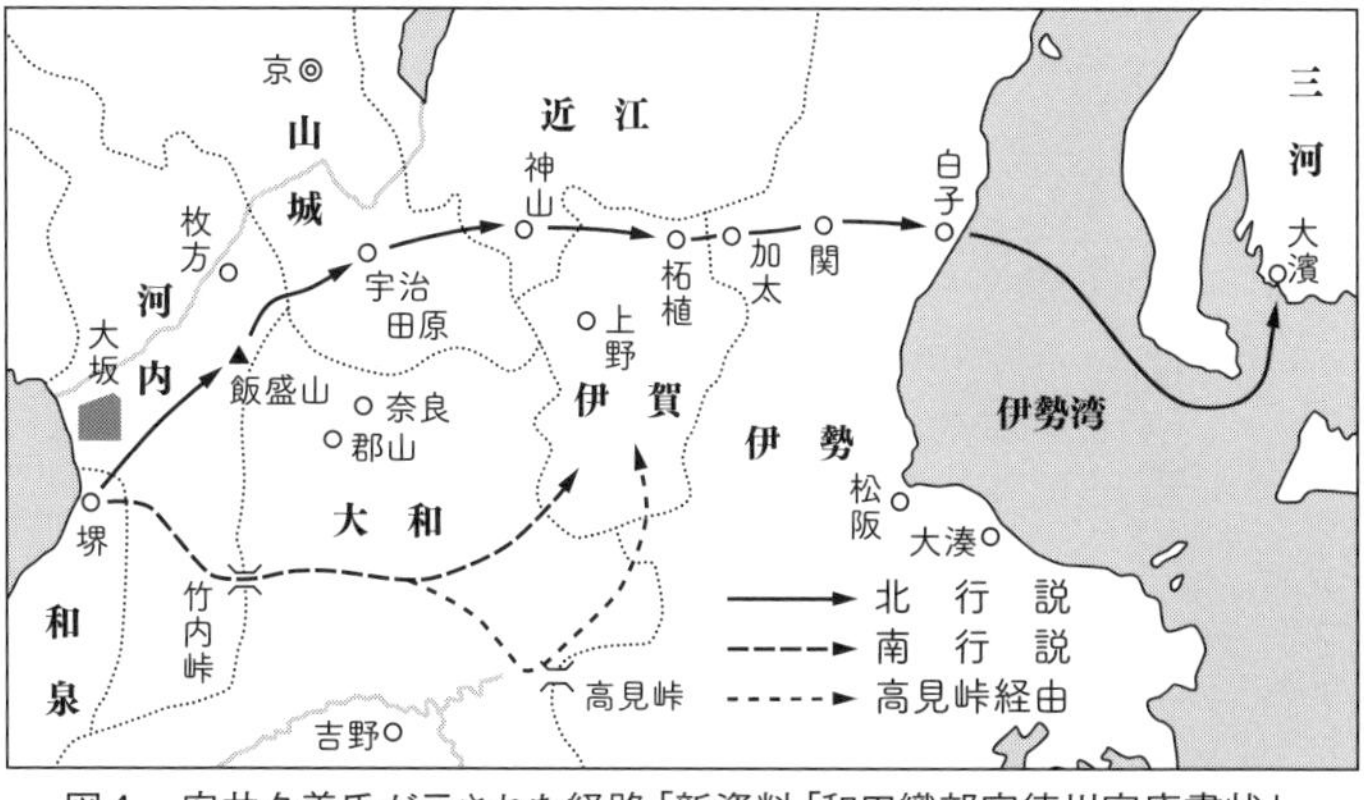

図4　安井久善氏が示された経路「新資料「和田織部宛徳川家康書状」について」（歴史教育研究会編『歴史教育』1965年9月号）を一部改変。

舟にて下着し給《たまふ》」とあるだけで、伊賀、伊勢の経路が示されていない。『石川正西聞見集』も同様である。和田織部の書状を紹介した安井久善氏は、前頁の図4に示すように高見峠を越えずに北に向かい、伊賀方面を目指したとされるが、高見峠以降の経路は点線で示されただけである。高見峠からどのように伊賀を抜けたのか、残念ながらそれを示す良質の史料はない。よって後世の史料なども含め、その痕跡を辿りながら家康が通過した経路を推定してみたい。

「十市遠光家譜」や「吉川家先祖覚書」を再確認すると、前者には「田口村鷹金屋所ニ被遊御一宿」とあり、後者には「田口村峠金屋御一宿」とある。ここに見える田口村とは現在の宇陀市室生田口あるいは上田口のことと思われる。続いて「翌日伊賀へ御越、琴拽村ニ被遊御」、「伊賀ノ内琴引村」がそれぞれ出てくるが、これは伊賀ではなく大和で、現在の宇陀市室生三本松のことである。

大和越えを示す『伊賀者由緒記』と『伊賀者由緒幷御陣御供書付』

『石川忠総留書』によると、家康の伊賀越えには服部半蔵も同行していた。服部半蔵というと、伊賀越えに際して伊賀衆を呼集し家康を助けた、いわば「神君伊賀越え」の立役者であり、皇居にその名に由来する半蔵門が残ることでも伝説化している。では服部半蔵家がその出自と家康の伊賀越えについてどのように語っているのか、『寛政重修諸家譜』から抽出してみよう。

服部

（前略）允恭《いんぎょう》天皇の御宇《ぎょう》に織部司に任じ、諸国の織部を拾領するによりて服部連《むらじ》と号す。其子孫伊賀国阿拝《あへ》郡服部の郷を領し、（中略）家長伊賀国阿拝郡服部郷を領し、子孫服部をもつて家号とすといふ。

●保長《やすなが》

半三　石見守（中略）

万松院義晴（足利）に仕へ、安綱の刀をあたへらる。其後三河国に来り清康君、広忠卿、東照宮（家康）に歴任し、のち致仕す。某年岡崎にをいて死す。法名道可。

（中略）

正成《まさなり》

半三或は半蔵　石見守　母は某氏。

父に継で東照宮につかへたてまつり、三河国西郡宇土城夜討の時、正成十六歳にして伊賀の忍びのもの六七十人を率ゐて城内に忍び入、戦功をはげます。（中略）（天正）十年六月和泉の堺より伊賀路を渡御の時従ひたてまつり、伊賀は正成が本国たるにより、仰をうけたまはりて嚮導したてまつる。十二年六月蟹江城を攻給ふのとき、（中略）十八年小田原の役に御使番の指物としたまふにより、正成が用ふるところの黒地に白く五文字を染めたる四半をたてまつるべきむね本多佐渡守正信をもつて仰をかうぶり、これを献ず。これよりさき加増ありて遠江国のうちにをいてすべて八千石を知行し、関東にいらせたまふのゝち、おほせによりて与力三十騎、伊賀同心二百人を支配す。慶長元年十一月四日死す。年五十五。法名西念。（後略）

正就《まさなり》

源左衛門　半三　石見守　母は某氏。

父正成が遺跡を継、五千石を知行し、与力七騎伊賀同心二百人をあづけらる。

（以下略）

服部氏が伊賀国の服部郷を領するに至った背景や、半三（半蔵）保長のときに室町幕府の十二代将軍・足利義晴に仕え、その後、徳川家に再仕官したことが書かれている。また保長の子である半蔵正成は、当初から三河の徳川家に仕えた徳川家臣であり、姉川の合戦や三方ヶ原の戦いなどにも従軍した。

そうした経歴を経て、正成は本能寺の変のとき家康に随従していた。そして伊賀越えなどの功績で「与力三十騎、伊賀同心二百人を支配」するに至ったことが示されている。「伊賀は正成が本国たるにより」と、徳川家臣である正成が伊賀を案内した経緯についても説明している。

ところで服部半蔵家は山城経由であったとか、大和経由であったとか、伊賀のどこを通ったのかなど、一切語っていない。にも拘わらず、これまで信楽・柘植《つげ》経由の鹿伏兎《かぶと》越えばかりが喧伝され、数ある伊賀者の由緒記が放置されてきた。本章ではこうした由緒記を再検証することにより、伊賀越えの真実を明らかにしていきたい。

そこでまず、その一つを確認してみることにする。次に掲げる『伊賀者由緒書』は内閣文庫所蔵の写本で、奥書に宝暦十一年（一七六一）の書写とあるが、原本の成立時期は不明である。

伊賀之者御由緒之覚書

一、天正十年壬午年五月廿一日、信長公仰ニ依て、
権現様甲州穴山梅雪御同道被為　遊、江州安土・京都被為入、夫・大坂江被為入、同廿九日泉州堺為　御見物、彼地江御越被為　遊候刻、同六月二日明智日向守光秀企逆心、京都於本能寺信長公御父子御生害被遊候由、茶屋四郎次郎奉告により、小勢ニて本道ハ如何と被為　思召、A伊賀越を被為遊《あそばせられ》候積り御相談被為遊候処、梅雪何とか被存御跡に残り被申上処《もうしあげらるるところ》、大和之内ニテ一揆共ニ被取籠《とりかこまれ》、穴山殿ハ被討《うたれ》被申候、扨《さて》

B権現様伊賀越を被為遊《あそばせられ》候ニ付、罷出御味方可申上旨、服部半蔵方（より）・告知らせ候ニ付、伊賀之者共罷出、鹿伏兎《かぶと》山路御案内申上、勢州白子迠《まで》御供申上、夫（より）・御舩に被為　召、参州江　御帰城被為　遊候事、

一、同（天正十）年六月十四日、京都為　御進発、尾州鳴海ニて　御発向被為遊《あそばせられ》候刻、勢州白子迠御供申上候、伊賀之者共鳴海江御出迎奉り、御出馬之御供可仕旨申上候処、甚御感被為　思召、同十五日不残　御家江被　召出、服部半蔵同仲手ヘ属可申旨被仰渡候事、（以下略）

（山田雄司「【史料紹介】伊賀者由緒書」〈『三重大史学』第13号　二〇一三〉）

この覚書には、家康が堺から伊賀越えで鹿伏兎山から白子に行き、船で三河に帰ったことが書かれている。途中、服部半蔵の呼びかけで「伊賀之者」が集まり、鹿伏兎山を案内した、それを家康が感謝し、後日、服部半蔵の配下になることを仰せ付けられたとある。

その経路に、「伊賀越」「鹿伏兎山」「勢州白子」という地名が見えるが、山城や信楽などといった地名は見えない。それどころか、家康に同行していた穴山梅雪が大和で起こった一揆により殺されたと記されている（傍線部A）。「御跡に残り」とは、家康の後を遅れて付いていたのか。これを読む限り、穴山梅雪は大和通過中に殺害され、家康はその先を進んでいたことが想像される。そこでこの危険な状況を切り抜けるため、服部半蔵が伊賀者を呼び寄せたようである。「神君伊賀越え」などと服部半蔵の働きが人口に膾炙《かいしゃ》されるなか、なぜか、この大和越えの箇所は無視されてきた。

とはいえ、これだけでは家康が大和を通ったか、まだ曖昧である。これについて、「伊賀者由緒幷御陣御供書付」由緒書」と題した史料が『大日本史料』第十一編之一に掲載されている。これは寛文六年（一六六六）九月十七日付の「由緒書」と、元和四年（一六一六）から宝永七年（一七一〇）の間に書かれたと思われる「御陣御供書付」によって構成されている。まず「由緒書」の一部を次に掲げる。

由緒書

一天正十年午壬五月、信長公仰に依て、甲州之穴山梅雪和泉之堺為御見物、権現様被為成《なさせられ》御同道候、其刻明智日向守企逆心、京都本能寺にて、六月朔日、信長公御生害之由、堺にて被及聞召、御相談之上、本道ハ如何と被為成御意、伊賀路山越を御心掛、大和迄御同道被成候処、則大和之内ニ而一揆蜂起、梅雪被討取申候ニ付、権現様、同二日、伊賀路へ御入被成候故、伊賀者共罷出、かふと山御案内仕、伊勢白子迄致御供、夫より御舟ニ被召、三州へ御入被成候、其忠節御好身を以、同十五日、尾州鳴海家へ被召出、御切米弁侍扶持と被成御意、三人扶持つゝ被下之候、

傍線部を読み下すと、「大和まで御同道なされ候ところ、すぐに大和の内にて一揆蜂起、梅雪討ち取られ申し候につき、権現様（家康）、同二日、伊賀路に御入りなされ候」となり、『伊賀者由緒書』と似たことが書かれている。注目すべきは、家康が大和まで梅雪と同道していたことが明確になっている点である。また梅雪が大和の一揆で殺された点は、『当代記』・『創業記考異』・『大和記』などと一致する。家康が堺で信長自害の一報を受けた点についても、『当代記』等と同様である。

『伊賀者由緒幷御陣御供書付』の伊賀越えルート

この「由緒書」の後にある「御陣御供書付」には、『伊賀者由緒書』には記されていない伊賀越えの経路が書かれている。

御陣御供書付

一天正十年壬午六月、権現様、穴山梅雪御同道被遊、泉州堺へ御立越被遊候節、明智日向守企逆心、信長於本能寺御生害之旨、西御門跡（本願寺光佐カ）幷茶屋四郎申上候、夫より権現様大和路へ被為成《なさせられ》候、梅雪は御跡ニ而、為一揆被討被申候之由、夫より権現様伊賀へ御入被遊、仲は廣木と申処、半蔵は栗と申所、勘六は喰代と申所ニ罷在候を被召出、仲、半蔵、勘六山道為御案内、伊賀之者罷出、各一所ニ薬師寺と申所へ御案内申上、追々伊勢白子迄御供申上候、当分為御褒美、銀子三貫目被下置、仲、半蔵、勘六請取之、右之者不残拝借仕候、夫より御船ニ而参州へ御入被遊候、無残所御忠節　被遊御意、同壬午年、於尾張鳴海被召出候事、

「勘六は喰代と申所ニ罷在《まかりあり》候」とある。「喰代《ほおじろ》」（現伊賀市）には百地丹波城跡（83頁の写

真参照）がある。百地丹波は天正九年（一五八一）の第二次天正伊賀の乱における柏原城（跡名張市）の激闘で知られるが、乱の後の消息は不明である。

これだけでは家康が喰代を通過したとはいえないが、その後に「薬師寺と申所に御案内」とあるから、家康一行は喰代付近を通過し、「薬師寺」方面に向かったことが一応推定できる。鹿伏兎までの経路を考えると、この「薬師寺」とは、現在の伊賀市鳳凰寺《ぼうじ》にある薬師寺を指していると思われる。

鳳凰寺は白鳳時代の瓦が出土する古代寺院跡で、大友皇子を産んだ伊賀宅子娘《いがのやかこのいらつめ》が郷里の伊賀に帰り、壬申の乱で亡くなった皇子を供養するために建立したと伝えられている。しかし第二次天正伊賀の乱で焼かれた。慶長三年（一五九八）、その鳳凰寺跡に建立されたのが薬師寺であるから、本能寺の変の頃には存在していない。ただ「御陣御供書付」成立の数十年前には建立されていたから、単純に誤伝されたものであろう。

鳳凰寺跡を過ぎた家康一行は、柘植から加太（鹿伏兎）に抜けて伊勢路に入り、四日市・白子方面に向かったと思われる。これが「御陣御供書付」から想定される大和経由伊賀越えルートである。

これを現在の経路に当てはめてみよう。琴引村（現奈良県宇陀市）から初瀬街道（ほぼ現国道165号線）を通って伊賀（現三重県名張市）に入る。場合によっては笠間峠から伊賀に

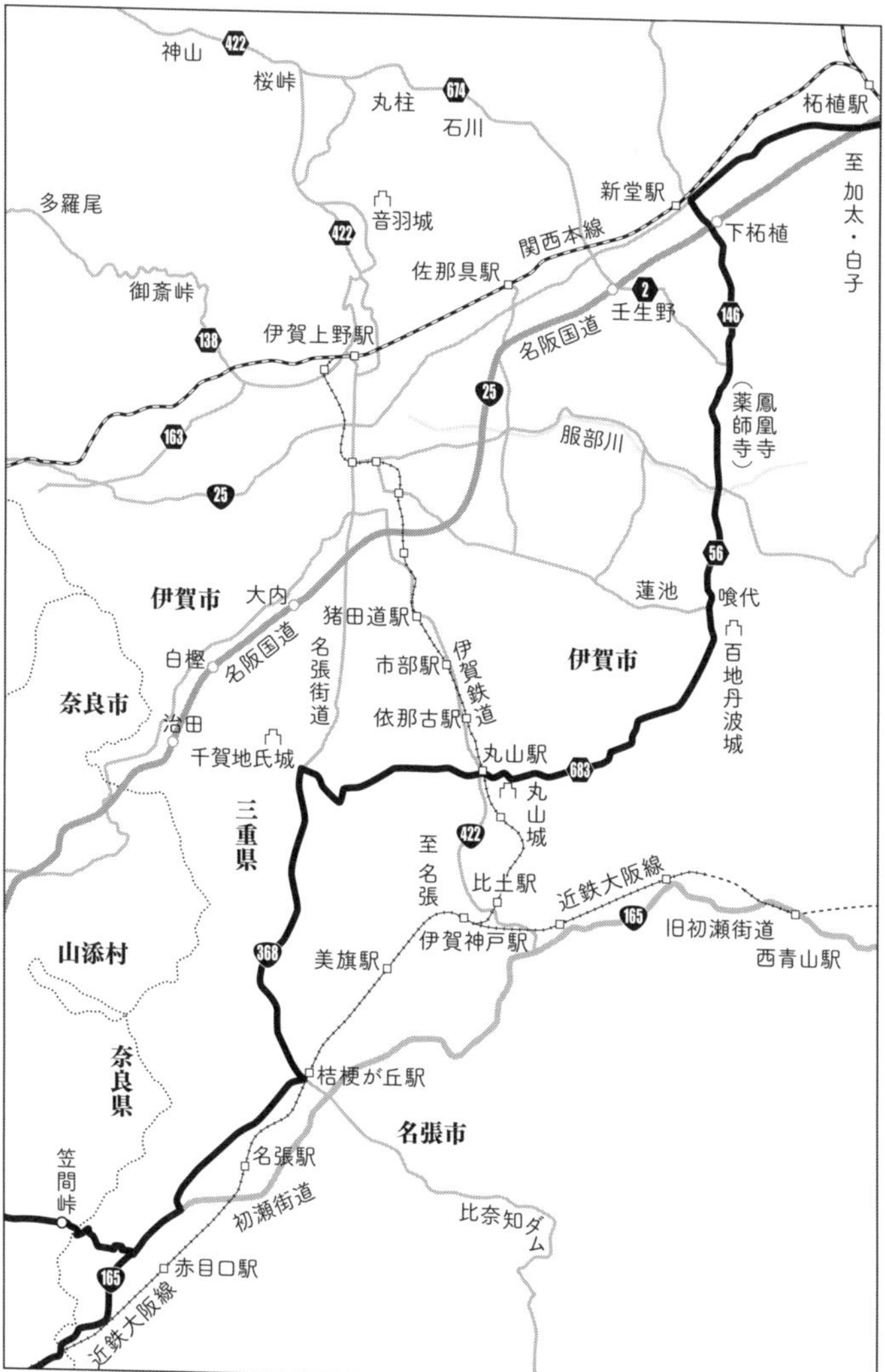

図5　伊賀越え想定経路（名張〜丸山〜柘植）

入ったのかもしれない。その後、国道368号線を北上、千賀地氏城跡の手前を右折し丸山を通過する。県道683号線を道なりに進むと喰代に至る。喰代から県道を北上すると薬師寺（鳳凰寺）付近を通過し、下柘植に出る。伊賀盆地の平坦な田園地帯が続き、馬を使えば一気に駆け抜けることも可能である。『寛政重修諸家譜』の酒井重忠の項には、これを裏付けるかのように、「東照宮《（家康）》」が「大和路に御馬を向《むけ》られ、伊賀路を経て、伊勢白子より御船にめされ、御帰国」とある。下柘植で進路を右に取ると、福地城跡のすぐ横を通る。そこから加太《かぶと》峠まではわずかで、峠（旧国道25号線）を越えると亀山に至る。

当時、その経路上には丸山城があった（81頁の図5及び83頁の写真参照）。第二次天正伊賀の乱の後、伊賀四郡のうち阿拝《あはい》・名張・伊賀の三郡は織田信雄《のぶかつ》（信長の二男）に、残りの山田郡は織田信包《のぶかね》（信長の弟）に宛がわれた。信雄は丸山城を被官である瀧川三郎兵衛尉雄親に宛がった。つまり丸山一帯は織田家の支配下にあったことになる。

本能寺の変で信長が滅ぶと、伊賀衆による一斉蜂起があるが、丸山城の瀧川雄親は北進し、音羽城を攻め落とすなど一揆を平定している（『勢州軍記』）ことから、雄親の支配は機能していたと思われる。家康が通過した時点では、丸山城周辺は比較的平穏であったのではないか。服部半蔵正成が同行していたとすれば、初代服部半蔵保長（正成の父）のかつての居城・千賀地氏城も近く、徳川家にとっては存外、安全であったと想像される。

本能寺の変があった六月二日、織田信孝（居城・神戸《かんべ》城〈跡鈴鹿市〉）は四国征伐のため住吉（大阪市）に布陣していた。この状況について『伊賀市史』が詳述しているので紹介する。

上：丸山城のあった丸山を望む。この先を右折すると喰代に向かう。また左折すると服部半蔵の千賀地氏城跡（伊賀市予野）に出る。
中：百地丹波城跡（伊賀市喰代）
下：薬師寺（伊賀市鳳凰寺）。天正９年(1581)の第２次天正伊賀の乱で鳳凰寺が焼かれ、慶長３年(1598)に再興され薬師寺に改称された。

天正十年（一五八二）五月二十一日付けで、伊勢神宮の神官藤波氏に宛てた伊勢国神戸（鈴鹿市）の勅願所龍光寺《りょうこうじ》の塔頭《たっちゅう》と推定される慈恩院の院主正以の書状がある。かねてより神戸城主である神戸《かんべ》（織田）信孝（信長三男）が四国の領有を望んでおり、五月七日付で信長から阿波国拝領の朱印状（「寺尾菊子氏所蔵文書」）を得るが、本書状によると関氏以下の周辺の有力領主ばかりか、所領だった伊勢国河曲《かわわ》郡内の十五歳から六十歳までの「名主百姓」まで総動員して出陣したことがわかる。動員された軍勢のなかに「伊賀衆・甲賀衆七八百・さいか《（雑賀）》衆千許《ばかり》」が見える。つまりかつての反信長一揆だった伊賀惣国一揆・甲賀郡中惣・紀州惣国一揆に属したメンバーを、信孝が四国攻撃軍に編成していたのである。四国攻撃は、これら「不満分子」の政権への忠節度を試す意味合いもあったのかもしれない。

ここでは信孝所領の伊勢国の戦闘可能な人民が動員されたことが述べられているが、それだけでなく、伊賀衆・甲賀衆・雑賀衆が含まれていたとある。『伊賀市史』は、雑賀衆や伊賀惣国一揆に属して信長に抵抗した伊賀衆が動員されていたことから、一種、踏み絵的な徴用かと解している。天正伊賀の乱で伊賀衆が壊滅的な殺戮を受けたことに加え、生き残った伊賀衆が四国攻めに徴用されていたようだ。

先に掲げた『伊賀者由緒書』の後半にある「伊賀之者先祖筋目并《ならびに》　御家江奉服候謂申伝候趣、左之通御座候」と題した文書に、「天正九年信長公国中乱入ニ付及敗亡、旧領を捨《すて》三州御城下伊勢神官方江州甲賀他州高野山和州辺江立退《たちのき》申候」とあり、乱の惨劇後、多数の伊賀衆が三河や近江・高野山・大和などへ離散したことが書かれている。この話は逃亡先の大和でも伝承されており、家を焼かれた者など多くの伊賀衆が伊賀を去ったことは事実であろう。伊賀が思いのほか空白地帯となっていたことが、これまで見過ごされてきた。

「奈良越」の伊賀衆・柘植三之丞 ～「伊賀国鹿伏兎山越御案内御供仕候者」とは～

天正十年、明智日向守逆心、信長公京都於本能寺生害、其刻権現様和泉之堺へ被為成、直ニ奈良越被為成《なさせられ》、伊賀国下柘植村へ被遊入御、祖父三之丞(清弘)を被召出、勢州白子浜へ之御案内被仰付候ニ付、同村之者共ニ相触、人数ヲ催、御供仕、勢州関之地蔵之少前、鹿伏兎　申在所迄御供仕、右之所ニ而、祖父三之丞申上候ハ、鹿伏兎之者共

と、柘植村之者共は、敵ニ而御坐候間、（中略）柘植村之者共ハ、皆々鹿伏兎より罷帰候、（中略）米地九左衛門ト申者御座候、此者ヲ道案内ニ被仰付候（以下略）

これは『譜牒余録後編』にある柘植三之丞《さんのじょう》清広の家伝である。清広は後に旗本に取り立てられた。先の『伊賀者由緒書』の後半部分にも「此《この》柘植氏兄弟共ニ三州へ罷越《まかりこし》御家共被召《めされ》候也、柘植三之丞家筋と申伝《もうしつたへ》候」とある。そのうえで傍線部を見ていただくと、家康は「奈良越」をして、「伊賀国下柘植村」から「鹿伏兎」を通過し、「勢州白子浜」に向かったとある。ここに「奈良越」と書かれていることに注目していただきたい。

ところで、『大日本史料』には、山田氏が翻刻されたものとは異なる『伊賀者由緒書』が掲載されている。そこには「天正十午年、伊賀国鹿伏兎山越御案内御供仕候者姓名」として、「柘植三之丞」を筆頭に百八十人の名が連ねられ、十人の名は不明として合計百九十人が家康を案内したとある。この出典元は『朝野旧聞裒藁《ちょうやきゅうぶんほうこう》』（一八四一年成立）であり、そこに三之丞率いる伊賀衆の鹿伏兎越えに関連する記述が列記されているので次に掲げる。

[1]寛永服部中保次譜曰、天正十年六月大権現忍ひて御通の時、忠を尽し伊賀より三州に

至り供奉す。
②貞享松山武大夫書上曰、権現様ハ伊賀江御入被為遊《あそばせられ》、於三州仲・半蔵・勘六儀御覚被為遊候由ニ而《て》、茶屋四郎被仰付、仲を廣木と申所、半蔵ハ栗と申所、勘六ハ喰代と申所ニ罷在候を被召出候、其節、仲半蔵・勘六山道為御案内、喜三郎・茂兵衛・山田七九郎と申者を呼出シ、何《いずれ》も一所ニ薬師寺と申所へ伊賀者共六七十人程追々に伊勢白子まで御供申上候。
③伊賀者由緒書曰、権現様伊賀越を被為遊候ニ付罷出、御味方可申上旨服部半蔵方より告知らせ候ニ付伊賀之者共罷出、鹿伏兎山路御案内申上、勢州白子迄御供申上、夫《それ》より御船ニ被為召、参州エ御帰城被為候事。
④又曰、上服部勘六・中服部仲・下服部半蔵、天正中信長公生害之段西門跡（本願寺顕如カ）・茶屋四郎申上候、家康公伊賀路御掛、廣木村・栗村半蔵・勘六、山路案内之伊賀者罷出薬師寺と申所迄御迎ニ罷出、鹿伏兎山御案内仕、伊勢白子村迄御供仕候。
⑤又載。

冒頭①の部分は、『寛永諸家系図伝』にある服部保次の家譜を指す。同家系図伝にある「天正十年六月、大権現忍《しのび》て御通《とをり》のとき、忠をつくし伊賀より三州にいたり供奉す」（101

頁参照）からの引用である。

次に②の「貞享」から始まる部分は、『貞享書上《じょうきょうかきあげ》』の松山武大夫の家譜からの引用ということだが確認がとれない。『貞享書上』をもとに編集されたのが『譜牒余録』であるから同書を確認すると、後編の巻第三十四に村山武大夫の項が見つかる。「松山武大夫」は「村山武大夫」の誤記であろう。そこで同項を次に掲げる。

天正十年壬午六月　権現様穴山梅雪殿御同道被為遊、泉州境《堺》へ御立越被遊候節、明智日向守企逆心、信長公於本能寺御生害之旨西御門跡・茶や四郎申上候、従其権現様は大和江被為成候、梅雪殿は御跡ニ而一揆ニ被打与申候由従其　[C]権現様者伊賀江御入被為遊、[D]於三州仲・半蔵・勘六義御覚被為遊候由ニ而、茶屋四郎被　仰付、仲は廣木と申所、半蔵は栗と申所、勘六は喰代と申所ニ罷在候を被　召出候、其節、仲・半蔵・勘六山道為御案内、喜三郎・茂兵衛・山田七九郎と申者を呼出シ、何も一所ニ薬師寺と申所へ伊賀者共六七十人程追々に伊勢白子まで御供申上候、

C以下を見ると、『朝野旧聞裒藁』の「貞享書上曰、」とある部分（②）が、『譜牒余録後編』にある「村山武大夫」項からの抜粋であることは一目瞭然である。そしてそこには

傍線で示したように、「権現様は大和江《へ》被為成《なさせられ》候」と記されている。また『大日本史料』所載の『伊賀者由緒弁御陣御供書付』の「御陣御供書付」（79頁）ともよく似ている。『譜牒余録後編』の同項末尾には村山武大夫が天和《てんな》四年（一六八四）二月に記したとある。これは『譜牒余録』完成の百年以上も前の日付である。村山武大夫項が「御陣御供書付」をもとに書かれたとするなら、「御陣御供書付」の成立もこの頃ではなかろうか。しかも、これらの伊賀者関係書はいずれも大和経由伊賀越えを示している。話が少し横道に逸れるが、次の記事を見ていただきたい。

夜十市ノ城ヲ、箸尾ソウ次郎殿伊賀衆ヲカタライ、其内木猿ト云物大将シテ居取ル、十市城ヲハ勘六同道シテ豊田ノ城マテ御落アル、上田打死、於上様ハ桃尾マテ御落、番《（当）》座打死四人有、

これは『享禄天文之記《きょうろくてんぶんのき》』の永禄三年（一五六〇）三月十九日条の記事である。まだ箸尾氏が筒井氏や十市氏と敵対していた頃の大和国内での合戦であるが、一次史料の中に伊賀（柘植）の下忍として名高い「木猿」の他に、「勘六」という伊賀衆の名前を確認することができる。勘六は松永久秀方の箸尾氏に敗れた十市氏（の家族衆か）を、筒井方の豊田氏

の居城である豊田城（跡天理市）まで同道している。「御陣御供書付」にも「勘六」が登場する。このとき勘六が三十歳だったとすれば、本能寺の変では五十二歳ということになる。確証はないが、二人の勘六が同一人物だった可能性がある。だとすれば、伊賀の勘六は古くから大和と深い関わりをもっていたことになる。

次に、③の「伊賀者由緒書曰、」で始まる部分は、山田氏翻刻の『伊賀者由緒書』（76頁）のB以下からの抜粋と思われる。そうすると、同由緒書の「大和之内ニテ一揆」というくだり（A以下）が隠れていることになる。すなわち、③も大和経由伊賀越えを示すものである。

④の「又曰、」で始まる部分は、『譜牒余録後編』の村山武大夫の項や、『伊賀者由緒幷御陣御供書付』の「御陣御供書付」にある「西（御）門跡」・「茶屋四郎」・「薬師寺」が共通し、内容もよく似ている。したがって②同様、大和経由伊賀越えを示すものといえる。

そして⑤の「又載」の後に、「天正十午年、伊賀国鹿伏兎山越御案内御供仕候者姓名柘植三之丞」と続き、以下百八十人の名が連ねられている。その中には、②と④に登場する「（服部）勘六」の名前も存在する。

以上から、『朝野旧聞裒藁』の編者である大学頭《だいがくのかみ》林《はやし》述斎《じゅっさい》は、①〜⑤を伊賀者による鹿伏兎越えに関するものとして裒《あつ》め、一つのグループにまとめた（藁《わら》のように束ねた）と解することができる。林述斎は、このグループ（東）に次のように見出しをつけて解説した。

公《家康》伊賀路に至らせ給ふよしを服部半蔵正成より告知らするによて《ママ》服部中保次服部勘六某等をはしめ《はじめ》伊賀もの多く馳集り、山路《やまみち》を守護し奉る。去年織田信長、伊賀国を征伐し殺掠をもて猛威を震ふにより地士等これを避て三河に来り、御恩沢を蒙りしもの多し。ゆへに今伊賀路に至らせ給ふことをきゝ迎へ集りて忠勤せしなり。

したがって、①～④は『大日本史料』所載の『伊賀者由緒書』の「天正十午年、伊賀国鹿伏兎山越御案内御供仕候者姓名」に列挙された伊賀者の百九十人の働きを示すものと解される。そしてこの働きとは、家康を「薬師寺」まで迎えに行き、「鹿伏兎山」まで御供したことを指す。また彼らは天正伊賀の乱を避けて三河に逃げていた者で、家康に「御恩沢」を感じていたと説明されている。

この「御恩沢」のことを、『三河物語』が次のように裏付けている。

信長伊賀之国をきりとらせ給ひて、なできりにして、国々へおちちり《落ち散り》たる者迄も、引寄く御せいばい《成敗》を被成《なされ》ける時、三河へおち《落ち》来りたる者を、一人も御せいばい《成敗》いなくし

て、御ふち《(扶持)》被成ける間、国に打ちもらされて有者が、忝《かたじけなく》奉《ぞんじたてまつりて》レ存而、此《この》時御おん《(恩)》を
おくり申さではとて、おくり《(送り)》奉る也、

信長の虐殺から三河に逃れてきた伊賀者を、家康は扶持まで与えたというではないか。伊賀の者たちは忝《かたじけな》く思った。それでその御恩を返そうとして家康を送ったというのである。

『三河物語』は、大久保彦左衛門忠教（一五六〇―一六三九）の書である。家康に随行した大久保忠佐《ただすけ》の弟で、忠隣の叔父でもあることから信憑性が高いとされている。それだけに、伊賀者が家康を案内したことの説明に説得力を感じる。『譜牒余録後編』村山項の「於三州仲・半蔵・勘六義御覚被為遊候」（D以下）の「義御覚」もそれを指している。

こうしてみると、伊賀者の由緒類のほとんどが大和越えを示していると言っても過言ではない。三河に逃げ、家康から御恩を受けた伊賀者らが中心となって、大和を越えてきた家康を助けた。これまでの「神君伊賀越え」を根底から覆し、より信憑性を高める内容ではないか。

山城・信楽経由伊賀越えに際し、家康を案内したのは伊賀衆の中でも主に柘植衆と言われ、その棟梁が柘植三之丞清広だったとされる。本項冒頭の『譜牒余録後編』にある家伝

はその根拠資料の一つであるが、そこに書かれている「奈良越」がなぜか無視されてきた。「奈良越」を考慮すると、いわゆる「神君伊賀越え」が成立しないためだろうか。

実際、柘植には家康が大和を越えて柘植に来たという伝承が残っていた。浄土真宗研究家である日野恵隆《けいりゅう》氏（名称寺《みょうしょうじ》〈大和高田市〉前住職）が実地調査により、その事実を確認された。そのうえで、同氏はその著『芭蕉翁桃青』に、「家康は側近のみしか従者《ずさ》を連れておらず、すぐさま堺から大和を抜け、伊賀越えをし、下柘植の柘植氏を頼り、その家臣である米地九左衛門定利が案内役として同行したのである」（傍点筆者）と著された。

信楽越えと大和越えが混在した『伊賀者大由緒記』

前項で、伊賀者の由緒類のほとんどが大和越えを示していることを述べた。これに対して、近江経由の伊賀越えを示す『伊賀者大由緒記』が残っているではないかと反論される方もいるだろう。まず、その一部を紹介しよう。

伊賀者弐百人江為御褒美、地方拝領仕候覚

天正十午年五月二十九日、権現様泉州堺御遊覧として、酒井左衛門忠次、井伊万千代家《(直)》政、渡辺半蔵、服部半蔵以下被召連、微勢にて堺の陸に御止宿の時、茶屋四郎次郎京都より馳登り、明智日向守光透《(秀)》逆心を企、京都本能寺に於て信長公を害せし由注進有々《(ケ)》れば、本多忠勝申上候趣に依て、三州へ御帰国可有由、然れども行程一揆遮り撃んは必定なりとして、間道を越、江州高見峠を過て、伊賀の上柘植鹿伏兎越を伊勢白子に至り、夫《それ》より船路然るべき旨《(旨)》御議定せられ、山城普賢寺谷の南山田村に御止宿あり、穴山梅雪此所より別れ奉る、六月五日高見峠に至らせ玉ふ、是より伊賀境音聞《おとぎ》峠なり、御供の内服部半蔵是《これ》伊州の産なれば、本多忠勝の旨《(旨)》を受て伊賀路の嚮導を仕、御先へ進み、其従類柘植三之丞、同市助、同甚八郎、山口甚助、冨田弥兵衛、菊池豊節《(前)》、柴田周防、福守定斎入道、山中覚兵衛、米地半助等拾余人、其外郷士とも追々二三百人馳走参、上柘植より三里半が間を鹿伏兎と云《いう》深山嶮岨《けんそ》元より山賊の住栖《すみか》なる所、無恙《つつがなく》御案内を申上、即鹿伏兎の駅に御止宿あり、六日勢州白子に着御、此間供《ぐ》奉《ぶ》をしたる和州泉州江刕《(州)》伊州の士皆御暇を玉り、時を量り濱松に来り仕ふべき旨《(旨)》を得て、各拝謝して帰郷す、是より御船に召れ参州大濱に着御。同十七日尾州勢《(熱)》田に御着陣。今度御忠節尽せし伊賀の士弐百人へ千貫の禄を賜り服部半蔵に附せらる、天正十午年より大坂御陣迠《(迄)》三十四年之内、拾弐度御陣、御在京の御供壱度もかき不申。同十八寅年江府御入国の節御当地へ被召連、翌十九夘(卯)年十一月四谷乃原へ御鷹野被為成候節今の喰違外にて御杖の先にて弐百人の伊賀者江千貫文地拝領仕候、（以下略）

（大西源一氏所蔵村治圓次郎氏写『伊賀者大由緒記』伊賀市上野図書館所蔵）

『伊賀者大由緒記』には、伊賀者が江戸に進出した経緯が述べられている。これは、寛政の改革で有名な松平越中守定信の御尋《おたずね》により、寛政九年（一七九七）に明屋敷番伊賀組頭、矢部庄右衛門・行岡久左衛門・松山惣八郎の三名が伊賀者の由緒、特に家康の伊賀越えでの伊賀者の功績を著したもので、元禄五年（一六九二。または元禄十五年〈一七〇二〉に上司である大久保玄蕃頭に提出したものの写しとされる。

この大由緒記は、大和越えを示すものとは異なり、山城の山田村で泊まり、信楽から音聞峠（御斎峠。163頁の図8参照）を越えたとする別系統のものである。服部半蔵の求めに応じて伊賀者が集まり、音聞峠を越えてきた家康一行が、難所・鹿伏兎峠を越えるのを手助けしたことを誇っている。この恩賞として伊賀者二百人に千貫の禄が与えられ、半蔵の配下となった経緯も述べられている。いわば服部半蔵と伊賀者の伝説の元となった由緒記か。

藤田達生・三重大学教授は、服部半蔵正成が慶長元年（一五九六）に死去した後に、服部半蔵家が廃絶となったことに危機感を抱いた「伊賀同心にとっての必要性から創作された物語」だと説明される（「『神君伊賀越え』再考」『愛知県史研究』九巻）。正成の没後、子の正就が継いだが、慶長十年（一六〇五）に誤って伊那忠次の家臣を斬った罪で改易された。跡を弟の正重が継ぐも、慶長十六（一六一一）年に大久保長安事件に連座して失脚し、服部半蔵家が途絶えたという背景があった。

大由緒記の内容のすべてが史実とも思えないが、さりとて藤田氏が述べられるような「創作した物語」、つまりフィクションとして、内容すべてを斥《しりぞ》けるわけにもいかない。

この大由緒記の先頭にある「伊賀者弐百人江為御褒美、地方拝領仕候覚」に続き、「天正十年年伊賀国鹿伏兎山越御案内仕候者姓名」と題して、伊賀者百九十人の姓名が列挙されている。しかも百九十人中、百三十人以上が前に掲げた「天正十午年、伊賀国鹿伏兎山越御案内御供仕候者姓名」（86頁参照）と重複している。しかも大和越えではなく、近江と伊賀の境にある音聞峠を越えたという。この矛盾はいかなることか。

本由緒記には「高見峠」と「音聞峠」の二つの峠が見える。このうち高見峠は大和と伊勢との境にある峠で、近江には存在しない。いくら「江州」（近江）を付したところで無理がある。山城から近江の信楽へ、信楽から音聞峠（御斎峠）を越えて伊賀に入るという経路に、なぜ近江に存在しない高見峠を無理矢理、組み入れたのだろうか。

ところで、『伊賀者大由緒記』に次のような一文があることは、あまり知られていない。

天正十壬午年　五月二十九日、信長公仰に依て、権現様穴山梅雪御同道、泉州堺御見物御出場之節、明智日向守光秀逆心を企、六月二日本能寺に於て信長公生害之吉（旨）、西本願寺より茶屋四郎次郎を以注進申上、権現様梅雪と御相談の上本道は如何と被為思召、伊賀路鹿伏兎山越御心掛大和路沾（迄）御旅行有、此時野武士共襲来を馳破、伊賀大和堺（境）高見峠沾（迄）奉見送節、梅雪遅れ被申大和の内にて野伏の為に討死、権現様は伊賀路へ被為越、服部半蔵、被仰付服部等の者御尋有之、服部源兵衛、柘植三之丞、服部勘六、菊池豊前、柴田周防、冨田弥兵衛、渡辺和泉、福守定高入道等拾五六人罷出、山路嶮道御案内申上、夫より追々大勢罷出、御道しるべ申上候、薬師寺へ入御し奉り間道を勢州白子まで御供仕、都合弐百人の内七十人は白子に御残、其外は伊賀へ御返し被遊、同六日御船にて三州大濱へ御着船、夫より岡崎へ被為入候、

傍線部分に、「大和路沾（迄）御旅行」「梅雪遅れ被申大和の内にて野伏の為に討死」とあり、まさしく大和経由伊賀越えを表しているではないか。しかも伊賀者の「御陣御供書付」（79頁）や『譜牒余録後編』の村山項と非常によく似た内容である。「西御門跡」と「西本願寺」が共通し、両方に「茶屋四郎」や「勘六」が登場する。「御陣御供書付」同様、

「大和路」通過後、「薬師寺」に至ったことも記されている。大和と伊勢の境にある高見峠は、ここでは「伊賀大和堺（境）」とあり、「江州高見峠」よりもまだ良しとすべきか。

繰り返すが、これも『伊賀者大由緒記』の一部である。最初の文には、（A）「伊賀者弐百人江為御褒美、地方拝領仕候覚」という表題があり、次に、（B）「天正十年年伊賀国鹿伏兎山越御案内仕候者姓名」として百九十人の伊賀者の姓名が列挙されている。その他いくつかの項目があり、最後が、（C）「元禄十五夘（卯）年十月大久保玄蕃頭殿へ書上候扣（控）　伊賀衆一統由緒之覚」である。その一部が本文であり、このように大和越えを示している。ところが先学はなぜか、大和越えのことが書かれた（C）を無視してきた。

伊賀組頭の矢部・行岡・松山は、寛政四年（一七九二）の松平定信からの「御尋」に対し、五年後の寛政九年二月に、「元禄五（「十五」の誤りか）夘年十月、大久保玄蕃頭殿、書上申候節之寫（写）」として、（A）〜（C）を幕府に提出した。彼らは、なにゆえ相矛盾する山城・近江経由の（A）と大和経由の（C）が混在した『伊賀者大由緒記』を幕府に提出したのか、不可解である。

なおこれより百年以上前の天和四年（一六八四）に、別の伊賀組が幕府に出した覚書が『譜牒余録後編』に載せられている。「永井水之助・宮地権兵衛・山岡太郎左衛門組伊賀者一通出之」として出したのが、次の覚書である。

伊賀之者御奉公申上候次第、末々之子去者御譜代之筋目存間敷候条、覚書之事
一天正壬午年依信長公仰甲州之穴山梅雪和泉之堺為御見物 権現様被為成御同道候、其刻明智日向守企逆心京都本能寺ニ而信長御生害之由、堺ニ而被聞召、及御相談之上本道ハ如何と被為成御意、伊賀路山越を御心懸、大和迄御同道被成候所、梅雪何とか被存御跡ニ御残り被成候刻、大和之内ニ而一揆発り、穴山殿を討申候、扨権現様者其より伊賀路江被為 成御入候ニ付伊賀之者共罷出御案内申上、伊勢白子迄御供仕、其より御船ニ被為 召参州江被為（以下略）

このように、永井・宮地・山岡の伊賀組が提出したのは、大和経由伊賀越えだった。

『寛永諸家系図伝』の服部保次

『朝野旧聞裒藁』所載の伊賀者由緒関係を整理すると、「中服部仲」（87頁④）あるいは「仲」（79・87・88頁）は、「服部中保次」を指していることが分かる。また86頁に掲げた①

の部分は、次に掲げる『寛永諸家系図伝』の傍線部からの引用である。同家系図伝にある家康の書状の宛名（傍点箇所）が「服部中殿」であることも、「服部中」が服部保次であることを裏付ける。76頁の傍点部の「同仲」も服部仲を意味し、すなわち服部保次のことである。

そうすると、服部保次の恩賞のもととなった働きの中身とは、すなわち大和を越えてきた家康を伊賀（薬師寺）で迎え、鹿伏兎越えを助けた働きに他ならない。加えて『伊賀者大由緒記』の（C）の「伊賀衆一統之覚」に、「服部中支配伊賀者御入国翌年罷下《まかりくだり》半蔵手同様相勤申《あいつとめもうし》候」とあるように、保次配下の伊賀者「鉄炮同心五十余人」は、半蔵配下の伊賀者同様、幕府のために働いたことを訴えている。

● 保次

中　生国伊賀。

永禄八年、はじめて大権現《（家康）》につかへたてまつる。同九年、仰によりて足軽同心五十人あづかる。戦ひ毎《ごと》に保次をして敵の境をまもらしむ。もし討死《うちじに》をいたさは、百二拾貫文の領地を相違なく保正童名《わらハな》づう丸、に給ふへし、となり。時に御書を給る。そのうつしにいはく、

一、服部中宛行《あておこなふ》本知行分之事
合百二拾貫文者、此内百貫文者、遠州刑部《おさかべ》郷、二拾貫文者、三河岡《みかハのおか》（中略）
天正五年丁丑四月廿三日　家康御判
服部中殿

天正十年六月、大権現忍《しのび》て御通《とをり》のとき、忠をつくし伊賀より三州にいたり供奉す。時に鉄炮同心五十余人あづけらる。
同十五年四月十八日、遠州にをひて六十二歳にて死す。法名長閑《ちやうかん》

保正（以下略）

なお後に成立した『寛政重修諸家譜』にも、ほぼ同内容のことが記載され、「中」という通称名も見えるが、『寛永諸家系図伝』のように「服部中」とは記されてはいない。このため『伊賀者由緒幷御陣御供書付』ら伊賀者由緒類にある「服部中（仲）」と保次との関連が分かりにくくなってしまった。これも伊賀越えにおける大和経由のことが忘れられた一因ではないだろうか。

今谷明氏は、「家康の伊賀越えについて」（『真説 本能寺の変』）の中で、「伊賀衆が伊賀衆の

糾合にどのような役割を果たしたのか、裏付ける史料がない」としつつも、「家康の伊賀越えを機縁として、二百人余の伊賀衆が徳川家に取り立てられ、直参や伊賀同心として召抱えられたとの伝承は、大筋で認めてよいかと思われる」と述べられた。ただ「『系図伝』《『寛永諸家系図伝』》その他の家譜からも事跡が消え」、「裏付ける史料がない」とされたが、決してそんなことはない。このように服部保次の『系図伝』が残り、その内容を伊賀者由緒類が裏付けている。

『改正三河後風土記』が語る奈良越え

『国史大辞典』に『三河後風土記』は徳川氏創業史の一つであり、「序に『慶長十五年（一六一〇）庚戌《かのえいぬ》五月吉日平岩主計頭親吉《ちかよし》誌レ之』とあるが、内部徴証では正保年間（一六四四―四八）以後の成立で、慶長十六年没の親吉の著作ではありえない」と解説されている。また『改正三河後風土記』については、「天保三年（一八三二）九月、成島司直《なるしまもとなお》は将軍徳川家斉から「群公子」に「祖宗創業之艱難《かんなん》」を知らしむるために「校讎《こうしゅう》」を命ぜられ、（中略）『改正三河後風土記』を同八年三月に呈上した」と解説される。その改選者である成島は、「神君伊賀越帰路の事」について、按ずるに神君伊賀路を越給ふ一条は、御生涯第一の御艱難なれば、後世の君臣どもよくよく記憶して、万代不易の洪業を開きましませし御辛苦を思ひ、神徳を仰ぎ奉るべき事なり。然るを原書麁略《そりゃく》にて且訛謬《かびゅう》多し。今諸実録より其始末を採集して爰《ここ》にしるす。但成績・基業の説には、この御道飯盛の辺より清滝越（大阪府四條畷市と奈良県生駒市の境）をして奈良へ出給ふか、又は少し南へかへり闇越《(暗峠)》（東大阪市と生駒市の境）をこして奈良へ出給ふか、いづれにも奈良へ出ずしては伊賀へは出がたし。先大和路にかかり大和・堺竹内峠にて、十市方より吉川父子を参らせ道びき、初瀬にかかり高見峠に出給ふ（中略）又此一説も爰《ここ》に附し参攷《さんこう》に備ふ。

『改正三河後風土記』本文は、『石川忠総留書』にある山城経由伊賀越えルートを基にしている。さりとて大和越えを排除しきれず、「成績・基業の説」を参考に掲げたものか。

成島は、『朝野旧聞裒藁』を監修した林述斎と共に、『徳川実紀』（一八四四）編集の主任だった。『徳川実紀』中、家康の時代を記した『東照宮御実紀』巻六の慶長八年（一六〇三）九月条に、目付となった松平康次（一五四四―一六一五）の記事がある。

康次は家康の五男・松平（武田）信吉の家臣で、邸内に愛宕権現を祀っていたという。

その愛宕権現は多羅尾光俊由来のもので、家康が「堺浦より閑道をへて三河にかへらせ給ふとて、大和路より宇治信楽にいたらせ給ひ、土豪多羅尾四郎右衛門光俊が宅にやどらせ給ふ。其時光俊が家に伝えし愛宕権現」で、危難を免れる御帰路守護の霊験があるという趣旨のことが紹介されている。その地蔵が愛宕山圓福寺の本尊となった話が、『寛政重修諸家譜』にあり、ここにも「大和路」という語が見える。

これらの話は、成島が参考に紹介した説も含め、江戸時代を通じて、大和経由で信楽から伊賀へ抜けたという伝承が根強く残っていた証でもある。少なくともこの話を、康次から家康の子・信吉も聞いていたであろうし、林と成島が採用したからこそ、徳川幕府の公式史書である『徳川実紀』に掲載されたのである。

大和経由伊賀越えを示唆する「簑笠之助伝」

江戸中期の代官・簑《みの》正高（一六八七—一七七二）が興味深い家伝を残している。正高は猿楽師だった簑家の養子に入り、後に抜擢されて幕臣となった人物である。宝永四年（一七〇七）の富士山の大噴火以降、相模の酒匂川《さかわ》は噴火砂が溜まり大洪水を繰り返していた。その復旧工事に携わっていたのが農政家として名高い田中丘隅《きゅうぐ》（喜古《よしひさ》）であるが、正高は彼から川除《かわよけ》（浚渫《しゅんせつ》や堤防）普請《ぶしん》を学び、補修工事に加わった。その結果、享保十四年（一七二九）に関東地方御用掛《ごようがかり》を兼帯する南町奉行・大岡忠相《ただすけ》に登用される。大岡忠相とは名奉行として有名な大岡越前守のことである。その後、正高は支配勘定格となり幕領三万三千石を預けられ、元文四年（一七三九）に代官となる。『農家貫行』を著したことでも知られ、その地方巧者《じかたこうしゃ》（地方支配に精通した農政官僚）ぶりは『徳川実紀』にも記されている。簑家は四代にわたって代官を嗣ぎ、代々「笠之助」を名乗った。三代目の簑正喬《まさたか》が安永六年（一七七七）から九年まで、子の豊昌も天明二年（一七八二）から寛政二年（一七九〇）まで石見銀山の代官を務めている。その簑家の家伝を次に掲げる。

天正十壬午年六月、明智一乱之節、神君ハ信長公御待儲ノ為、泉州境（堺）今井宗薫方江御人被遊、其時平太夫ハ京都御留守居役ニ在レハ、早速堺へ馳参リ、右一乱一番ニ御注進申上ル、又服部、本国ハ伊賀ニテ地理委シケレハ、伊賀越ノ御案内ヲ申上ル、其比《ころ》伊賀名張ノ城主服部出羽守保章ハ、平太夫一族タルニヨリ、御使者被仰付、領分御通リ之段被仰遣、時ニ保章御請申上、御通リ筋警固ス、然レトモ保章ハ正シキ明智カ舅也、心底計リ難ク、御忍ノ為メ簑笠ヲ奉ル、簑笠ヲ被召、之頓《やが》テ天下ヲ知シ召候ヘキ御瑞相ト申上ル、公聞召、能隠ル、物ハ能顕ル、トノ上意、伊賀越無恙《つつがなく》御越被遊、浜松之城江御帰城、御祝儀之上平太夫被召出、今度簑笠ヲ奉ル其功抜群ナリ、向後服部平太夫ヲ改メ、簑笠之助と御意可被為召旨被仰付、是より笠之助代代拝領之名字ヲ以テ家名トス、

（『大日本史料 第十一編之一』）

本能寺の変のとき、服部平太夫が「伊賀ノ地理委シケレハ」と伊賀越えを注進した。その頃、一族の服部出羽守保章が名張城主だったのでその領内を通過できるよう求めた。しかし「保章ハ正シキ明智カ舅」であるため「心底計リ難ク」、そこで平太夫が案内した。家康に正体を隠すために平太夫が簑笠を差し出すと、家康はその簑を身につけ笠をかぶった。無事、伊勢から船で浜松の城に帰ることができた後、家康がその功を賞して「服部平太夫」を改め、「簑笠之助」という名を与えたという。その後、平太夫は幕府に取り立てられたが、三代目の正長が大久保長安事件に連座して采地は没収された。

猿楽師時代に創作された話かもしれないが、もしも家康が名張を通過したとするならば、間違いなく大和を通過したことになる。成島司直が「奈良へ出ずしては伊賀へは出がたし」という説を紹介したように、地理的に見て、大和を通らずに名張に入ることはできないからである。

第3章　虚実混淆『石川忠総留書』の虚が剥がれる

『石川忠総留書』と『石川正西聞見集』、どちらの家康が真実なのか

『石川忠総留書』乾巻《けんかん》に、「六月二日に堺御立御上洛、先様本多平八郎《(忠勝)》を御使に、其日堺を立て上洛候処に、茶屋四郎次郎京都より荷鞍馬に乗来、道にて本多平八に逢候て、信長御他界のよしを語る」とある。この日、京都から慌てて信長の死を伝えに来た茶屋四郎次郎が先発隊の本多忠勝と出くわし、信長が他界したことを知らせる。すると「平八郎、四郎次郎をつれ乗返す」と、忠勝は茶屋四郎次郎を馬に乗せて引き返した。そして「公（家康）飯盛山近辺にて掛御目《おめにかかり》候」と、飯盛山辺り（現四條畷市付近）で家康一行と出会い、変事を伝えたという。

青天の霹靂《へきれき》、突然の凶報に驚いた家康は、「馬を脇へ御乗のけ、酒井左衛門尉《(忠次)》、石川伯耆守《(数正)》、榊原小平太《(康政)》、井伊万千代《(直政)》、大久保新十郎《(忠世)》御前に有之」と、随行する家臣を前にして「信長の御恩をかうふり《(被り)》候の上は、知恩院にて追腹《おいばら》」すると言い出した。こうなると芝居じみて、にわかには信じがたい。誇張や脚色、あるいは創作の匂いがする。すると「お竹《(長谷川秀一)》続て可仕《つかまつるべし》」と、随行していた信長の近臣・長谷川秀一が家康に続き追腹すると言い、「平八御先へ可参《まいるべし》」と忠勝も続く。「御供の衆この様子を見て只事《ただごと》にあらす《(ず)》」と動揺

しながら進んでいく様子を見て、忠勝が追腹されるのも「成程《なるほど》」ですが、三河に御帰国され、「御人数（軍勢）を催し、弔《とむらい》合戦被成候《なされ》」と家康に進言した。秀一も「如尊意《そんいのごとく》追腹仕《つかまつり》候ハん事勿論といへとも、敵を一人も手にかけ候はぬ事可為無念候」と、敵を一人も仕留めず自害されるのは無念でしょうと諭《さと》したので家康は思い止まり、三河へ帰国することを決めたという。ここも芝居じみている。

ここで『石川正西聞見集』を再確認してみる。この聞見集に、家康は大和を通って伊賀を越えたと記されていることは先述したとおりである。この後、同聞見集は次のように続く。なお意訳文を参考に掲げておく。

穴山殿は人しち（人質）もとらで通り被成候《なされ》を物取に郷人共出合穴山殿ころし申候、其様子本多平八郎（忠勝）殿御聞候て雑人の手に御かゝり候ハぬ先に御腹めし候へかし、御供可仕《つかまつるべし》と御申上候へ共《ども》家康様御合点なく、伊勢へ御出しろこ（白子）より御舟にめし、三河の内ならわ（成岩）へ御着、其時之仰《おおせ》にたハけ（たわけ）人の異見に付たらはかやうに歸るましきと御ざれこと被仰《おおせられ》候つる由人のかたりを聞申候、らうそく箱と有之箱の中より具足を取出し平八郎計武立て御供のよし諸人かんし申候

【訳】穴山殿は人質も取らないで通過なされたところ、物取りの郷人《さとびと》どもが出没し、穴山殿を殺した。その様子を本多平八郎（忠勝）殿が聞かれて、（家康様に）雑人の手にかかって（殺される）前に御腹を召された方がよろしいのでは、（私も）御供いたしますと申し上げたが、家康様は合点なされず、伊勢の白子から舟に乗られ、三河の成岩（現半田市）へお着きになった。そのとき仰せられたことは、「たわけた（愚かな）人の意見に従っていたら、このように帰ることはできなかっただろう」と戯言《ざれごと》を仰せられたとの由を、ある人が語ってくれたのを聞いた。（家康は）ろうそく箱と書かれた箱の中から具足を取り出したが、平八郎だけが武装して御供していたとの由で、諸人が感じ入ったとのことである。

本多忠勝は、穴山梅雪が郷人に殺されたとの報告を受けたようである。これから忠勝と梅雪は離れた状態にあったことが分かる。忠勝は梅雪の死に様《ざま》を家康に伝え、切腹することを勧めたが、家康は聞き入れなかったようだ。

『石川忠総留書』では、家康は信長の死を知って、殊勝にも知恩院で自害すると言い出すが、『石川正西聞見集』では逆である。穴山梅雪が郷人の手にかかって横死したときの無惨な様《さま》を本多忠勝が聞き、家康に自害することを勧めたが、家康は応じない。家康は、

「たわけた人」の意見を聞いていたら生きて帰ってこれなかったと、忠勝の意見を茶化している。

「狸爺《たぬきじじい》」の異名はともかく、知略と忍耐の人というイメージがある徳川家康、『石川忠総留書』と『石川正西聞見集』のどちらが真実を物語っているのだろうか。後述するが、三河に帰国後、間髪を入れずに甲斐攻略を行った事実をみれば、自害などという殊勝なことを言ったとは到底思えない。

前にも書いたが、石川正西は天正二年（一五七四）に三河東上で生まれた武士である。本能寺の変のときには九歳だったとはいえ、同郷同時代の人である。一方、石川忠総はその年に生まれたばかりである。正西が家老をつとめた松井松平家は、三河時代から家康を助けた著効で、松平姓を賜り大名となった家である。おそらく三河時代の徳川家譜代の家臣とも交流のあった家柄であろう。

乾巻と坤巻で異なる『石川忠総留書』ルート

信長自害の凶報を聞いた家康の対応について、『石川忠総留書』は奇妙なことに乾巻《けんかん》と坤巻《こんかん》とで矛盾することを書いている。

乾巻によると、家康は上洛の途中で信長の死を知り、ひとときは狼狽したが、家臣の説得で京都に行くのを取りやめ、三河に帰ることを決めた。それで案内者を求め、家康は馬二騎の先頭を行き、その後船に乗り換えた。ところが穴山梅雪が「思ふ心候か、一里程」後にいたため、山城の宇治田原手前で郷人に殺された。それで近所の山口甚助の館（現京都府宇治田原町）に使いを遣り、二日はそこで一泊する。堺からここまで十三里で50キロ余りである。

翌三日、家康は多羅尾道賀（光俊）の屋敷（現滋賀県甲賀市信楽町）で食事をした。宇治田原の山口館から小川村まで六里で24キロ弱、乾巻に「上様お竹その外八九人の外ハ（中略）誰にても不入」とある。それで多羅尾が気を遣い、外にいる御供衆に赤飯を馳走した旨のことが書かれているが、宿泊したとの記載はない。ところが坤巻では「御一宿」（114頁傍点箇所）となっている。

四日、小川村を出発して辻堂で休憩、その後、伊賀路を経て神戸《かんべ》城（跡三重県鈴鹿市）に入る。このとき「三七殿御事頼入のよし委細に被仰《おおせられ》」とあり、城主・織田信孝（三七）の母が家康に信孝のことをくれぐれもよろしくと頼んでいる。

問題は神戸城に寄った後、「白子か、四日市か船にめ（召）して」と記されていることである。図6（114頁）

を見ると分かるが、坤巻の通過地点を全部通ったこと
を前提にして神戸城に立ち寄る経路を考えると、訳の
分からないことになる。とりあえず坤巻を見てみよう。

一　天正十年六月三日、　東照権現(徳川家康)様泉州堺ヨリ伊
賀路御通、御帰国之道法之事、堺ヨリ山城国宇治
田原江同日八ツ時分ニ御著(着)被成《なされ》、山口玄番(蕃)御馳走
申、御弁当被差上《さしあげられ》候、
堺、平野、阿部、山ノ子キ(根着)、ホタニ(穂谷)、尊念寺、草
地、宇治田原、行程三十里(十三カ)
一　宇治田原御立《おたち》、山田村江御懸《おかか》リ、別当ト申出家《しゅっけ》
御案内者仕《つかまつ》り、信楽ノ内小川村江　御通被成《おとおりなされ》、
、、、、多羅尾道賀《どうが》所ニ御一宿被成《なされ》候由、
宇治田原ニリ半、山田一リ半、朝宮ニリ、小川堺ヨリ小川迄十九里、
一　六月四日、小川村御立被成《おたちなされ》、多羅尾勘助(光雅)御案
内仕《つかまつり》、丸柱村江致御供《おともいたし》、宮田ト申仁加り、柘植

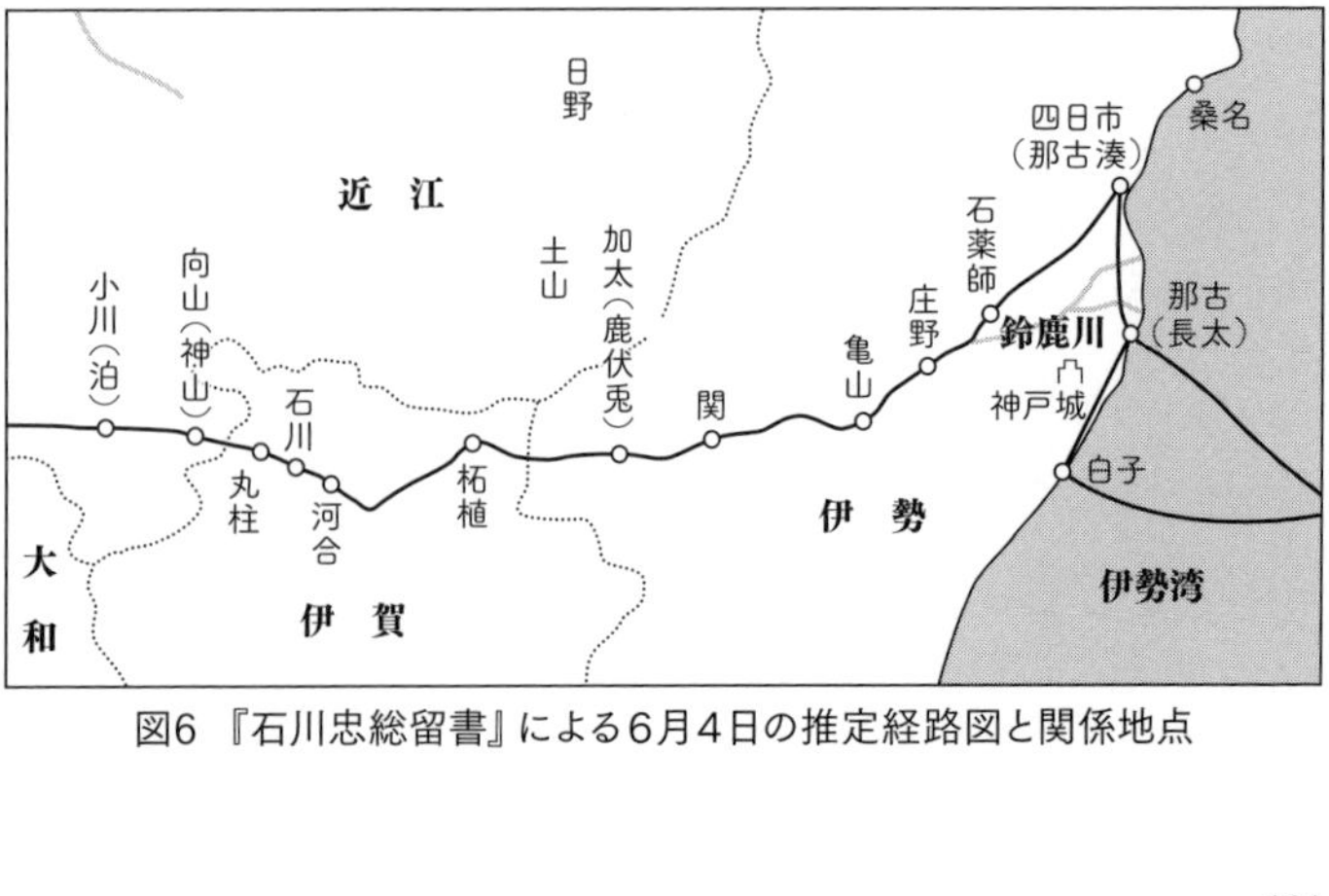

図6　『石川忠総留書』による6月4日の推定経路図と関係地点

迄送り、柘植ヨリ小目地九左衛門、柘植平弥両人御案内仕、鹿伏兎《かぶと》致御供《おともいたし》、カブトニテ、野呂ト申《もうす》御仁加り、関ノ地蔵迄御案内仕之由、関ヨリ海道ヲ直ニ四日市迄御通、此所ニテ水谷九左衛門御馳走仕、那古ヨリ御船ニ被召之由、

　小川ヨリ四日市迄行程十七里、

小川半リ、向山一リ、丸柱一リ、石川半リ、河合一リ半、柘植二リ、鹿伏兎二リ、関一リ半、亀山二リ、庄野一リ、石薬師二リ、四日市一リ半、那古

坤巻には「関ヨリ海道ヲ直ニ四日市迄御通」「石薬師二里四日市一里半那古」とある。乾巻と坤巻を重ねると、①庄野（鈴鹿市庄野町）→神戸城（同市神戸本多町）→石薬師（同市石薬師町）→四日市→那古（鈴鹿市長太）、または②石薬師→神戸城→四日市→那古という2ルートが想定できる。東海道から神戸城に行くには、ルート①で庄野から東海道を外れて東進するのが最短である。その場合、神戸城からは伊勢山田街道を通って四日市に向かえばよく、わざわざ石薬師に戻る必要はない。仮に戻ったとしても、そこから四日市経由で白子あるいは那古に向かうことはありえない。

それともルート②において、石薬師と四日市の途中で伊勢山田街道に入って神戸城に回り、そこから再び伊勢山田街道を折り返して四日市に行き、那古あるいは白子へとジグザ

グの経路を辿ったのか、さっぱり分からない。神戸城に立ち寄るのなら、その後、四日市などに向かわず、那古（長太）か白子に向かえばよいではないか。

穴山梅雪の殺害場所も乾巻と坤巻で相違

『石川忠総留書』は、家康に同行していた穴山梅雪の死について、乾巻・坤巻共に「郷《さと》人《びと》」に殺されたとしている。ところが、殺害場所が乾巻と坤巻で異なっている。

乾巻では、「穴山梅雪ハ、思ふ心候か、一里程御跡に、我人数計にて越候之処、郷人起て一人も不残討殺し」とあり、宇治田原付近を通過する家康から一里ほど遅れていた梅雪が郷人に討ち殺されたことになっている。

これに対して坤巻では、「家康公従泉州堺伊賀越帰国穴山梅雪伊賀地為郷人殺」となっており、伊賀で殺されたと書いている。つまり梅雪は乾巻では山城国で殺され、坤巻では伊賀国で殺されたことになる。この点からも『石川忠総留書』の内容に疑問符が付く。

『石川忠総留書』の成立は東海道五十三次完成後か

乾巻では六月二日に「堺」を出発しているが、坤巻では六月三日に出発したと読める。堺出立後、宇治田原に八ツ時分（午後三時前）に到着し、山口玄蕃が用意した弁当を食べた。その後、山田村を経て信楽小川村の多羅尾道賀の所で一泊するわけだが、「堺ヨリ小川迄十九里」（坤巻）で約75㌔という長い行程となる。乾巻に二日は宇治田原の山口館で泊まったとあるので、やはり出発日は二日であろうか。今谷明氏は「家康の伊賀越え」（『真説　本能寺の変』）の中で、「単純な誤りで、二日が正しい」とされる。

宇治田原の山口城主・山口甚助配下の新《あたらし》末景の子・末次が京都所司代・板倉周防守に提出した「信長公幕下山口甚助組、新主膳正申置候通、書上ヶ申候」という文書が残っている。内容が具体的で『石川忠総留書』の内容を裏付ける史料とも考えられている。ただし、その日付は慶安三年（一六五〇）十二月二十六日である。よって『石川忠総留書』成立後に書かれた文書であり、末次が「其ノ時私七才ニテ御座候」と記すように、父の末景からの伝聞に基づくものである。この文書に、「権現様宇治田原御通り天正十壬午年六月三日」とあるが、この日付は留書の坤巻と一致している。そうすると、二日の夜、家康はどこに泊まったのかという疑問に直面する。

また堺から宇治田原までが「三十里」（約118キロ）と、法外な距離になっているため、「十三里」に補正されている。「堺ヨリ小川迄十九里」、宇治田原から小川までが六里、これを差し引くと十三里となるためか。このように坤巻は冒頭より誤りだらけである。

四日、小川村を出発し、多羅尾勘助の案内で丸柱村に着く。そこから案内人が代わり、伊賀路に入る。柘植から鹿伏兎（加太）を通り、四日市を経由して那古に回って船に乗ったという。ちなみに乾巻では、「白子か、四日市かより御船をめし」と記されている。また坤巻では神戸城へ立ち寄った形跡はない。

坤巻は、伊賀を越えた後の伊勢の経路を「鹿伏兎《かぶと》二リ、関一リ半、亀山二リ、庄野一リ、石薬師二リ、四日市一リ半、那古《なご》」とするが、関から四日市の間は後の東海道五十三次と重なる。東海道では江戸から数えて47番目が関宿、46番目が亀山宿、45番目が庄野宿、44番目が石薬師宿、43番目が四日市宿である（114頁の図6参照）。

家康が東海道諸宿に伝馬制を設け、東海道の整備に着手したのは慶長六年（一六〇一）のことだが、五十三次の完成には時間を要した。石薬師の宿ができたのが元和二年（一六一六）であり、寛永元年（一六二四）に最後の宿、庄野ができて品川―大津の53宿が整う。本能寺の変から四十二年後のことである。家康が堺から脱出するとき、「関ヨリ海道ヲ直ニ四日市迄」の「海道」（東海道）はできていなかった。石薬師も庄野も小さな宿場だったかもしれないが、五十三次完成前にどれほどの知名度があったか疑問である。おそらく、この辺りの地理に疎い忠総が、五十三次完成後に宿場順に机上で記入したのが真相ではないか。庄野〜石薬師〜四日市〜那古の区間における乾巻との矛盾や混乱もそれによって生じたものであろう。

忠総は寛永十一年（一六三四）に膳所《ぜぜ》藩主になっている。これは五十三次の完成（一六二四年）後のことである。留書の執筆開始は同藩着任後か。膳所藩というと山城や信楽に隣接している。このことが関係しているのかもしれない。この時期なら、家康に同行した実父・大久保忠隣（一六二八年没）、義兄の石川康通《やすみち》（一六〇七年没）、その従兄弟の石川数正（一五九三年没）も既に亡く、変から半世紀以上も経過した後、忠総は近親者から聞いた記憶を想像で補いながら作成したと思われる。ならば、それに伴う不正確さを前提にしなければならない。しかし、果たしてそれだけだろうか。

なぜ半世紀前後も経ってから、忠総はこのことを書く気になったのか。慶長十九年（一六一四）に父の忠隣が改易され、その後配流されている。忠隣は徳川幕府草創の功労者の一人である。その一年前に忠隣が取り立てた大久保長安が亡くなり、彼の死後、子らに大粛正が行われた（大久保長安事件）。そうして忠隣は失意の晩年を送った。父の汚名返上などといった思いが内容に影響してはいまいか。この問題については最後（184〜188頁）で述べたいと思うので、ここでは留保しておきたい。

詰まるところ、『石川忠総留書』の内容は誤りも多く、作為的な逸話も挿入され、経路も混乱している書といえる。また乾巻と坤巻との間で矛盾を露呈している。極論すれば、第2章で述べたように、大和越えのことを書いた箇所が黙殺された『伊賀者大由緒記』と、この疑問点だらけの『石川忠総留書』によって創られたのが、「神君伊賀越え」伝説といえよう。

第４章　家康の危難行に「陽」「陰」あり

伊賀越えには山城・近江経由と大和経由の2ルートが共存した

大和経由伊賀越えルートの信憑性がかなり高いということを、これまで述べてきた。また「神君伊賀越え」のルーツともいうべき伊賀者由緒記のほとんどが大和越えを示していること、また『石川忠総留書』には疑問点が多いことについても言及した。

誤解があるといけないので補足しておくが、私は通説とされてきた山城・近江経由伊賀越えルートを否定しているわけではない。矛盾するようだが、両ルートが併存したと考えている。とはいえ、家康は一人である以上、ルートは一つしかない。その結果、大和越えに関する史料が切り捨てられてきたわけだが、本章ではその前提を白紙に戻し、両ルートが存在した可能性を追究していくつもりである。

大和越えに関する史料が正面から顧みられることはほとんどなかったが、その痕跡は消えることがなかった。でなければ、竹村道清・嘉理兄弟の異例の出世や、わずか十三、四歳でしかも他国者の和田因幡（おそらく和田織部の子）を千二百石で召し抱えたことの説明がつかない。しかも彼らの出世の裏には家康の書状が存在する。それゆえ、これまで以上に『当代記』・『石川正西聞見集』・『創業記考異』の内容に着目しなければならない。「吉川家先祖覚書」や『大和記』についても、予断を持つことなく再検討する必要がある。

和田織部宛家康書状にある高見峠から先の伊賀越えルートも朧気《おぼろげ》ながら浮かび上がってきた。『伊賀者由緒幷御陣御供書付』などに基づき、大和宇陀の三本松から伊賀の喰代《ほおじろ》、薬師寺、柘植、伊勢の鹿伏兎へ抜けるというルートである。

竹村道清兄弟や和田織部の子と思われる因幡の異例の出世を取り沙汰すると、大和越えを支えたのは彼らだけではない、吉川主馬や越智玄蕃などは出世もしていないではないかと批判されるかもしれない。しかしこの批判に対する答えは簡明である。竹村兄弟や和田因幡については、主君のない身であったからこそ取立が可能であったのに対し、それ以外の者には主君があり、刀など金品の褒美で事が済んだだけのことだ。

「吉川氏系譜」(『吉川の名加礼《ながれ》』所収)によると、吉川家は布施氏を祖としている。高田には当麻氏を名乗る当麻高田氏と、布施行種《ゆきたね》を祖とする布施高田氏が存在していた。興福寺の『大乗院寺社雑事記』に、当麻高田氏は「当高田」、布施高田氏は「前高田」と表記されている。応仁の乱以降、当麻高田氏と布施高田氏は抗争を繰り返し、布施高田氏に布施氏や筒井氏が加担してきたという歴史がある。

一つの推論であるが、吉川家のある礒野《いその》は大和高田市の西南端にあり、布施氏がいた葛城市と隣接することから、布施高田氏の拠点だった可能性がある。『和州国民郷士記』に、吉川主馬ならぬ礒野主馬の名も見える。礒野は竹内街道から続く初瀬街道沿いにあり、東に向かえば八木から伊賀に至る。『当代記』にある家康が立ち寄った「高田の城」とは布施高田氏の館のことであり、「城主」は布施氏分流の布施高田氏ではなかったか。当麻高田氏の居城、高田城は天正八年（一五八〇）に信長の命で破却されている。当麻高田氏は終始、松永久秀の与党だったことから、順慶の前で自害させられた。処刑と破城後の当麻高田氏は没落したが、もう一つの高田氏である布施高田氏が生き残っていたのである。

『大和記』に、「布施殿大坂籠城ニ付キ、布施催ニ依リ大野主馬殿組ニ成リ」とある。吉川家の主家である布施氏は、大坂夏の陣で豊臣方の大野治房配下となり、徳川方の藤堂高虎を攻めて大きな働きをしたが、大坂城落城で大和に帰り人生を終えたとある。

元和元年（一六一五）四月二十七日、大野は大和衆を率いて大坂城から出陣、徳川方の大和郡山城を襲撃している。これを迎え撃ったのが松倉重政だった。ここに『大和記』を重ねると、大野麾下に布施氏や吉川氏がおり、大坂落城と共に武家としての幕を閉じたものか。それゆえ徳川の世になっても浮かばれることはなかった。貞享元年（一六八四）に子孫の吉川源五兵衛正次が、先祖・吉川主馬の功績を「吉川家先祖覚書」に認《したた》め、代官・中川清三に提出したときには百年以上の歳月が過ぎ、徳川幕府はつれなかったという次第であろう。

越智玄蕃に至っては、『宇野主水日記』の天正十一年（一五八三）の記事に、「和州越智玄蕃生害ト云々。八月下旬うちの者共所殺也」と記され、本願寺顕如の右筆《ゆうひつ》だった宇野主水の配下に殺害されている。本能寺の変の翌年のことである。

家康が竹村道清らに出した感状には、森本左馬之助、外嶋加賀守、和田助太夫の名も見えるが、彼等の素性も、その後の消息も確認できない。

本能寺の変は関ヶ原の戦いの十八年も前の事件である。変の段階で主君を代え、これからどうなるかも分からない、しかも大和から遠い三河の家康に仕官するなどといった選択肢は考えられない。家康自身も信長亡き後の戦略について想定外の見直しを迫られたことだろう。後に将軍となって江戸幕府を開くなどといったことは、家康本人も思い及ばぬことだったに違いない。

布施氏や吉川主馬にみたごとく、主君ある者は関ヶ原の戦いで西軍方にあり、最終的に大坂夏の陣で滅んだ。如何せん本能寺の変から徳川幕府開府までには二十一年もの歳月が経過している。仮に家康の恩人であったとしても、時すでに遅しということだったのではないか。彼らは主君運に恵まれなかったという次第である。

本書では、家康の堺からの危難行には、山城・近江経由伊賀越えと大和経由伊賀越えの二ルートが併存していたという立場から、以後、前者を「北方ルート」、後者を「南方ルート」と呼ぶこととする。

六月二日の本能寺の会見は予定されていたのか
～家康は信長の死を堺で知った～

『信長公記』に、「五月廿一日家康公御上洛、此の度、京都・大坂・奈良・堺、御心静かに御見物なされ」とあるにもかかわらず、五月二十九日夕に堺に到着（『宗及茶湯日記他会記』等）したばかりの家康が、翌六月一日のみ終日堺で滞在し、二日に早々《はやばや》と上洛しようとしていた。家康の下向目的が遊覧であったことを考えると、これはかなりの強行軍であり、正直、違和感を覚える。まず織田信忠が信長の近習である森成利（蘭丸）に宛てた次の書状を見ていただきたい。

尚々、家康は、明日大坂・堺に罷り下られ候、
中国表に近々御馬を出さるべきの由候条、我々堺見物の儀、先ず遠慮致し候、一両日中に御上洛の旨に候間、是に相待ち申し候。此旨早々御諚をえられ、申し越さるべく、委曲の様躰使に申し含め候条、口上に申すべく候、謹言、

信忠（織田）（花押）

五月廿七日

森乱殿（成利）

（読み下し文、奥野高廣『織田信長文書の研究』下巻）

書状の日付である五月二十七日、信長が「一両日中」の二十八日か二十九日に上洛することが判明した。信忠は家康に同行して堺に行くつもりだったが、京都に残って信長を待つことにした。当然、その旨を家康に伝え、同行できなくなったことを詫びたことだろう。したがって、家康も信長の上洛日を知ったうえで、「明日」つまり二十八日に京都を出発したと考えられる。『信長公記』に、「大坂にて家康公の御振舞申しつけ候へ」とあることから、おそらくその日は、家康の接待役を命じられた大坂城代・織田（津田）信澄《のぶずみ》のもとに泊まったのではないか。

『宇野主水日記』の二十九日条に、「徳川堺見物トシテ入津」とあることから、家康は船で堺に着いたことが分かる。大坂で陸路から海路に変更したのは、この行程が二日にまたがっていたためと察せられる。『創業記考異』にも、「公《(家康)》大坂堺御覧ノタメ廿八日京ヲ御立大坂ニ御着」とある。なにしろ、京都から堺までは70キロ近くもある。

一五八三年二月十三日付けでルイス・フロイスがイエズス会総長に送った書簡（『耶蘇会日本年報』）に、「三河の国王は（中略）堺と奈良の市を見んがため急ぎ行き過ぎぬ」とある。徳川家の歴史を書いた『国朝大業広記』（明和元年〈一七六四〉）にも、「大和ノ内奈良ヲモ爰彼《ここあこ》所御見物有ヘシ」とある。家康が下向した時点では、奈良見物は予定に入っていたと思われる。『信長公記』にある信長の心遣いから斟酌《しんしゃく》すれば、帰路は奈良で泊まり、往路同様、一泊二日で京都に戻るぐらいの心づもりではなかったか。現に信長はこの書状どおり二十九日に上洛しており、特に上洛が早まったわけではない。ところが『信長公記』に次の記載がある。

五月廿九日、信長公御上洛。安土本城御留守衆、津田源十郎、（中略）山岡対馬守。是れ等を仰付けられ、御小姓衆二・三十人召列れられ、御上洛。直《すぐ》に中国へ御発向なさるべきの間、御陣用意仕候て、御一左右《いっさう》次第、罷り立つべきの旨御触れにて、今度は、御伴これなし。

「直に中国へ御発向」とあるが、信長は何日の出立を予定していたのであろうか。権中《ごん》納言である勧修寺晴豊《かじゅうじはるとよ》が翌六月一日に信長に拝謁した際、「四日出陣申すべく候、手だて（作戦）造作あるまじき事」と、四日に出陣するが簡単に平定できるであろうと豪語したことを『日々記《にちにちき》』に記している。

秀吉の使者から備中高松城の戦況報告を受け、信長が明智光秀・細川忠興・池田恒興・中川清秀・高山重友（右近）らに出陣を命じたのが五月十七日であり、光秀は出陣準備のため、安土から坂本城に帰城した（『信長公記』）。そしてそれ以後、何か大きく事態が変化したわけではない。前述したように、二十八、九日の信長上洛も二十七日に予告され、中国出陣が「近々」に早まると伝えられた。それは信忠を介して家康にでもある。

家康は梅雪を伴って五月十五日に安土に到着し、信長と会っている。このとき接待したのが明智光秀であり、接待は十七日まで三日間に及んだ。十九日には安土惣見寺で、「今度道中辛労忘申《わすれもうす》様に」と、信長は家康をねぎらい、舞や能を見物している。二十日には家康だけでなく、家康の家臣らも交えて食事をしながら歓待している。信長と家康との会見目的は安土滞在の間に達成されていたから、信長は堺や奈良を見物するよう勧めたのである。甲斐・駿河を攻略し、相模の北条氏と交誼を結んだとはいえ、東国への守りは必要である。高松城落城は目前であり、十七日の時点で毛利軍は来援していない。堺にいる家康を中国に出陣させるため、見物を中止させて本能寺に呼びつけるとは思えない。

家康は、信長の上洛が早ければ二十八日であることや、中国出陣が早まったことも承知のうえで、二十八日に京都を発ったのである。信長との用件も済み、大坂・堺・奈良見物は信長上洛や中国出陣に関係なく、「御心静かに」実施されるはずだった。が、豈図《あに》らんや、わずか中一日の堺滞在に加え、翌日中に60キロ以上先の京都に戻ることを強いられた。「道中辛労を忘れ申す様に」という信長のねぎらいもどこへやら、心静かな旅は一転、厳しい旅と化した。そんな無理をしてまで遊覧する必要があったのかと問いたくなる。車や列車のある現代ならいざ知らず、当時としてはかなり酷な日程と言わざるをえない。帰洛が本能寺の奇禍当日であったというのも出来過ぎた話だ。どうしても後付けの感がぬぐえない。

『宇野主水日記』によると、堺到着の翌日、今井宗久や津田宗及から茶湯の接待を受け、夜には松井友閑（堺代官）から茶湯だけでなく、「幸若ニ舞ヲまはせられ候酒宴有之」と能や酒の宴が用意されていた。その様子からも急遽、日程を繰り上げ、翌早朝に上京することになった気配は感じられない。遠路堺に到着し、翌日は終日、茶湯三昧のうえで夜は宴に興じた。その翌日、京都まで一泊二日の行程でゆっくりと出発しようとしていた矢先、思いもよらぬ変報が飛び込んできたというのが真相ではなかろうか。

同じく『宇野主水日記』によると、五月二十九日、本願寺は八木駿河守を堺に遣り、信長・信孝へ贈る品々を届けようとしたが、「徳川（家康）堺見物ニ下津ニ付而《つきて》、城介（信忠）殿も御下津由有るべき由」との風聞を耳にした。それで信忠と友閑への贈答品を調達して「堺まで罷越《まかりこし》」たら、「上様（信長）を討果《うちはて》」との報を友閑から聞いた。ところが「家康も帰国トテ堺ヨリ被出了《でられおわんぬ》」と、家康は三河に帰国するため出発した後だった。「宮法（松井友閑）も取乱《とりみだし》無正体ニつきて、上様へノ御進上物をも何をも不相届《あいとどけず》、堺より此方へ八駿（八木駿河守）罷帰《まかりかえる》也」という有様だった。八木駿河守の行動や松井友閑の狼狽ぶりから、変報到達直後の堺の様子が目に浮かぶようだ。ここからも、家康が堺で変報を聞き、あわてて帰国の途についたことが想像できる。

『当代記』に「家康、於堺聞此事」と記され、『信長公記』には「徳川家康公　穴山梅雪　長谷川竹　和泉之堺にて　信長公御父子御生害之由　承《うけたまわり》」とある。『三河物語』には、「家康ハ、此由を堺にて聞召《きこしめし》けれバ」とあり、『佐久間軍記』にも「此時、家康公、泉州堺ニ御座《おわし》、乱ノ発ヲ聞召《きこしめす》」とある。先のルイス・フロイス書簡には、「信長の凶報堺に達するや（中略）三河の王及び穴山殿は、直に彼等の城に向ひしが、通路は既に守兵に占領せられたり」とある。

すると『石川忠総留書』乾巻の六月二日、「堺を立て上洛候処に、茶屋四郎次郎京都より荷鞍馬に乗来、道にて本多平八に逢候て、信長御他界のよしを語る」という記事との間に矛盾が生じる。家康は堺で変報を聞いたのか、それとも京への上洛途上で聞いたのか。中村孝也氏（元東京帝国大学名誉教授）は『徳川家康文書の研究』上巻で、「二日の朝に至り、京都の事変を知り、京都に上ると称して堺を出発し、急遽帰国の途に就いた」、「京都本能寺で織田信長が斃《たお》れたとき、家康は穴山梅雪と共に泉州堺に在り、変報を聞いて急遽出立」したとし、『石川忠総留書』の記事を斥けている。また鍛代《きたい》敏雄氏（東北福祉大学教授）も、『宇野主水日記』をもとに、「明智天下の十二日間」（仁木謙一編『明智光秀のすべて』）の中で、「堺を見物していた家康一行は、二日朝、信長に謁見するために上洛するが、この時すでに信長自裁の報を掴《つか》んでいたようである」と述べている。

『宇野主水日記』の「計略」

『宇野主水日記』の、「二日朝徳川殿上洛。火急ニ上洛之儀者《は》、上様安土より廿九日ニ御京上之由アリテ、それにつきふた〳〵と上洛由也」という記事の後に、「これは信長御生害ヲ知テ、計略ヲ云テ上洛也」という分註が付されている。そもそも二日の上洛など予定になく、信長の死を知り慌てて上洛を名目とする出立が発案され、それが「計略」だったことを暴露する内容である。「ふた〳〵」（ばたばた）と上洛しようとしたのは、信長の死を知っての計略、つまり上洛すると見せかけたカムフラージュだったという次第だ。

宇野主水は石山合戦の激闘を指揮した本願寺門主・顕如の右筆《ゆうひつ》であり、本願寺門徒は言うに及ばず、大名や公家からの極秘情報も知りうる立場にあった人物である。したがって家康の上洛から本能寺の変後の内容に至るまで、どのようにしてこのような細密な情報をいち早く知り得たのかと、驚かされる箇所が随所に散見できる。信長に近い人物に内通者がいたのではと思わんばかりの内容で、さすが本願寺の情報収集力かと感心させられる。

天正八年（一五八〇）、顕如は勅命講和を受け入れ、本願寺と信長との和議が成立したが、顕如の長男・教如はこれに従わず、抵抗を続けた。それゆえ本願寺は信長周辺の情報収集に努めていたはずである。

顕如は元関白・九条稙通《たねみち》の猶子《ゆうし》になるなど、九条家との関わりは深い。太政大臣・近衛前久《さきひさ》は教如を猶子としており、天正八年の勅命講和に尽力した。講和に先立つ交渉には勧修寺晴豊（129頁参照）も関わっている。顕如の妻・如春尼は左大臣・三条公頼《きんより》の娘で、その姉は武田信玄に嫁いでいる。顕如は彼らの周辺から情報を得ていたのか。同日記の六月三日条に「三日五時分、京都之儀、堺より申来。追々方々より注進有之」とあるように、続々と顕如の鷺森別院（現和歌山市）に情報が届いていた。

家康が計略を謀ったという情報は、四日早朝に平井越後が持ち帰ったか、三日に堺から戻った八木駿河守が伝えたのだろう。駿河守は家康には会えなかったが、松井友閑から家康が帰国したときの様子を聞いている。『宇野主水日記』にある「計略」について、作家で歴史研究家でもある桐野作人《さくじん》氏は、「どうも『宇野』の説のほうが信じられそうだ」と述べている（『真説本能寺』）。

『真宗史料集成　第三巻　一向一揆』にある『宇野主水日記』の解題に宇野主水の人物

像が紹介されている。同著によると、主水は「几帳面で筆まめ」な性格で、「右筆として、きわめて有能な人材であった」ようである。また教如が寵愛した三番目の妻・お福（教寿院）を主水が湖北に送り届けたのは、「顕如の意思と如春（顕如の妻）の願いを、自ら実行したのかもしれない。下着《げちゃく》後七日後に主水が死んだ背景には、強い主水の信念と本寺の禍根をたとうとする不惜身命《ふしゃくしんみょう》の思いが秘められていたようである」と解している。

六月三日条に、紀州雑賀《さいか》衆の内紛で織田派の鈴木孫一が岸和田に逃亡し、四日条に反織田派が鈴木城を放火したとの記事がある。また四日には、信長の死に関連してか、長宗《ちょうそ》我部元親《かべもとちか》からの使者が来たことが書かれている。ここには信長との戦いの渦中にある者の緊張感が漲《みなぎ》っている。主水の生き様の純粋さ、愚直さを思うとき、その真摯な記述内容に疑いを入れるのは憚《はばか》られる気がする。

家康が光秀謀反、信長生害の急報に接したとき、光秀が統括していた畿内勢力に脅威を覚えたことは想像に難くない。高柳光寿氏は『明智光秀』の中で、天正八年（一五八〇）に佐久間信盛が信長に追放された後、「大和の筒井順慶をはじめとして摂津の池田恒興・中川清秀・高山重友（右近）らはこのとき光秀の組下に入ったらしい」とし、「光秀は近畿軍の司令官、近畿の管領になった」とされる。

「（天正九年）正月二十三日付け明智光秀宛織田信長朱印状写」に、信長が六十余州の衆目を集めるため、光秀に馬を多く仕立て可能な限りの人員を動員するよう命じたことが示されている。「大和国ハ筒井順慶、（中略）律国《（摂津カ）》にてハ高山《（重友）》・瀬兵衛《（中川清秀・秀成）》父子・池田《（元助・輝政）》ハ子共両人、親ハ伊丹城之留主居たるべく□《（候）》」と光秀の指揮のもと、畿内各将が京都に集められ、二月二十八日に大規模な馬揃えが披露されている。『当代記』の「各尽レ美色々の出立也、馬上已《すでに》及二百騎一、一番に明知日向守《（明智光秀）》皆紅の出立也」との描写が、紅《くれない》の大鎧《おおよろい》に身を包んだ光秀が、馬上で威風堂々、名だたる畿内の武将を従えている馬揃えの美麗さ、壮観さを表現している。家康の耳にもこの威容は伝わっていたはずである。しかも大坂城には城代として、光秀の娘婿の織田（津田）信澄がいる。信澄は光秀と共謀していることを疑われ、後日、織田信孝に殺された人物である。堺で突如、四面楚歌にも似た危機に瀕《ひん》した家康が、のこのこと光秀のいる京都に近づこうとするだろうか。

　前述のルイス・フロイスの書簡には「信長の凶報堺に達するや（中略）通路は既に守兵に占領せられたり」と書かれている。窮地に陥った家康の状況を物語っているといっていいだろう。何としても光秀の息のかかった近畿管領軍の中を突破せねば本国に帰還できない――絶体絶命の危機の中で家康が考えついたのが、囮《おとり》による陽動作戦だった。これこそが『宇野主水日記』に記された「計略」に他ならない。

槇島城主・井戸良弘（山城国）は光秀の娘の舅

実はこの摂津衆以上に光秀に近い武将が南山城にいた。家康が通過したとされる宇治田原は山城国綴喜郡にある。山城の宇治郡・久世《くぜ》郡・綴喜郡・相楽《そうらく》郡の拠点だったのが槇島《まきしま》城（跡宇治市）であり、本能寺の変の時の城主は筒井順慶の元被官・井戸良弘である。天正四年（一五七六）の石山合戦の天王寺砦の戦いで、大和・山城守護である原田（塙《ばん》）直政が戦死した。その後の大和守護を受け継いだのが筒井順慶で、井戸良弘には山城の槇島城が与えられた。直政は山城守護を兼ねていたが、彼の死後、山城守護が誰かに宛がわれた形跡はなく、槇島城主・井戸良弘がその任を代行したと思われる。

槇島は信長の蔵入地であったから、良弘は代官の役目を担ったのではないか、なかでも南山城の陸路及び河川舟運《しゅううん》の警戒任務を受け継いだのではないかと推測する。奥野高廣氏は、原田直政が「奈良街道を上下する商人と荷物は陸路・河上（宇治川）及び宿は、朱印状に任せて宇治槇嶋を拠点とせよと宇治郷の有力者に指示した。徴税と警戒の基地にしたのであろう」と説く（「織田政権の蔵入り領」（『史林』62-4.1979）。奈良街道とは、京都から奈良に至る街道の総称で、伏見街道などいくつかのルートがあった。交野《かたの》や四條畷などの河内北部から信楽方面に向かうためには必ず奈良街道を横切ることになる。加えて槇島の井戸と大和の筒井とは連絡が密である。ここに監視網があると縦の障壁となって立ちはだかることになる。このことは、商人である茶屋四郎次郎なら把握していただろう。

井戸良弘の二男・治秀の妻は光秀の娘であり、光秀にいち早く加担しようとしたのが井戸父子だった。『多聞院日記』の六月四日条に、「筒井ニハ南方衆・井戸一手ノ衆惟任《(光秀)》へ今日立云々」と、筒井配下の井戸勢が真っ先に光秀に加勢するため出立したとあるほど光秀に近いとされる武将である。

新井白石は、本能寺の変の早期計画説の根拠として、光秀が変の前に井戸良弘に言った話を『白石紳書』の中で紹介している。「井戸若狭守ハ明智カ親族也シ、牧ノ島ノ城《(槇島城)》ニ在シニ明智イ《(云)》ヒシハ、某《それがし》思フ事アリ、其願満タランニハ大国ハ与フマシ、小国ヒトツハ参ラセント云シ」と、願いが叶えられた折は大国はやれぬが、小国なら一つやろうと言ったという。しかも「若狭守モキヽ《(聞き)》咎《とが》メヌ顔」だったとか。これが実話だったかはともかく、光秀と井戸良弘の親密さを、周囲がこのように評していたことを示している。

山城の重要地点を血気に逸《はや》る光秀の娘婿とその父が押さえ、その地域の警戒を任務としていたことが見落とされてはいまいか。このような危険な北方ルートに家康本人が身を置くことは「飛蛾《ひが》の火に赴くが如し」で、無謀な選択以外の何物でもない。このことは興福寺の『蓮成院記録』の六月二日の次の記事からも窺い知ることができる。

洛中洛外以外騒動也、奈良ヱ日中程ニ注進在之、追々為才覚飛脚難被遣《つかわされがたく》之、宇治ヨリハ通路不叶之間《かなわざるのあいだ》、皆以帰畢《かえりおわんぬ》、

傍線部によると、「飛脚も遣ることができない。宇治からは通行することもできず、皆帰ってきた」という有様である。これは本能寺の変の直後から奈良街道の警戒が厳重になっていた証である。河内から山城を横切って伊勢へ向かう以上、奈良街道を横断しなければならないことは、家康側も百も承知のことだったろう。不測の事態を避けるためには危険予測が重要であることは今も昔も変わりはない。「君子、危うきに近寄らず、京より遠き大和路こそ心安し」、家康はそう判断したと考える方が自然である。

謀術「忍術に陽術あり陰術あり」と兵法「声東撃西《せいとうげきせい》」

堺から家康の領国三河の方角に目を遣ったときに望めるのは、河内と大和の国境に連なる葛城・二上の山並みである。目前の大和の向こうには服部半蔵の故地・伊賀がある。二

人がそんなことを意識したかどうかは分からない。ただ堺はそのような位置にある。竹内街道を通ると、堺から二上山麓の竹内峠までは20キロもない。

服部半蔵正成は徳川家臣だが、伊賀者であることを自認していた。これは『寛政重修諸家譜』にある「三河国西郡宇土城夜討の時、正成十六歳にして伊賀の忍びのもの六七十人を率ゐて城内に忍び入、戦功をはげます」、あるいは「伊賀は正成が本国」との記述から確認できる。半蔵が伊賀者の謀術を嗜《たしな》むことを前提に『万川集海《ばんせんしゅうかい》』を紐解く。この書は伊賀の上忍《じょうにん》・藤林長門守の子孫、藤林保武が延宝四年（一六七六）に著したもので、伊賀者のことやその術を集大成した書である。

この大書の中に服部宗家の血を引く半蔵が実践躬行《きゅうこう》したやもしれぬ術として、巻第八「陽忍（上）遠入の篇」にある「忍術に陽術あり陰術あり。陽術と云うは、謀計の知慮を以て其の姿を顕しながら敵中へ入るを云う。陰術と云うは人の目を忍び姿を隠すの術を以て忍び入るを云うなり」という箇所が目を引く。わざと姿を顕して攻め込むふりをするが、実は姿を隠した者が忍び入るという謀術である。

この術に似た用法として、魏晋南北朝時代の中国の兵法書『兵法三十六計』に「声東撃《せいとうげき》西《せい》」という戦術が載せられている。「東に声して西を撃つ」、すなわち西を攻めたい場合には東で大きな喊声《かんせい》を発してそちらから攻撃すると見せかけた陽動作戦である。一隊を囮《おとり》とし、もう一隊に将を潜ませて敵の目を欺くという偽計だ。伊賀者の習いとして半蔵がこの謀術を用いたなら、通説の北方ルートと大和越えの南方ルートが共存した理由が肯ける。

家康は、京都までの道中にいる摂津衆を恐れた。茨木城には中川清秀が、高槻城には高山右近（重友）がいる。山城には井戸良弘が待ち構えている。結局、彼らは光秀に味方しなかったが、それは結果論である。京都に向かうことは光秀勢力圏に飛び込むに等しい。賢明で慎重な家康が、あえてそのような危険地帯に向かうとは思えない。そこで計略を講じた。

山城経由の北方ルートにしろ、大和経由の南行ルートにしろ、伊賀を通過しなければならない。できれば伊賀衆の助けが欲しいところだ。幸いなことに堺から目と鼻の先の住吉に伊賀衆はいた。織田信孝が四国征伐のため伊賀衆を帯同していた。

しかし、信長の訃報が到達するや、信孝の軍勢は四散したという。ルイス・フロイスの書簡（一五八三）に、「父《（信長）》及び兄弟なる太子《（織田信忠）》の訃を聞きて、急に引き還し、復讐をなすことゝなしぬ。されど此間に軍勢の大部は、彼を離れ去りたれば、河内の国の一城大坂に入らんと決せり」とあるが、これは強制的に徴用した他国衆（84頁参照）が離散した様子を大袈裟に表現したものではないか。

実は、一部の伊賀衆や甲賀衆が家康に宛がわれた形跡がある。というのも、家康が堺に行くときには無かった軍勢を、帰路では引き連れていた記録があるからである。『原本信長記』に、「徳川殿、長谷川竹《（秀一）》、御人数（軍勢）を召され候」とあり、ルイス・フロイスも、「三河の王は、兵士及び金子の準備十分なりし」と報告している。堺代官・松井友閑は信長の側近であり、信孝に支援を頼める立場の人物である。その上、家康は信長の寵臣・長谷川秀一（竹）を連れていた。

『原本信長記』に「宇治田原越にて」とあることは本書の解釈上、北方ルートの陽動隊のことを指すが、南北両ルート上で信孝配下の伊賀衆や甲賀衆を拝借し得たのである。『石川忠総留書』に、家康が帰路の途中、神戸城に立ち寄ったことが記されている。それは、兵を融通してもらった礼と、厳しい状況に陥った信孝の状況を、母親と留守居の家臣に伝えるためではなかったか。

かつて久保文武氏は、「家康の伊賀越危難考」（『伊賀史叢考』）の中で、山城経由で伊勢に向かう家康本隊を守るために十市遠光らを大和越えの陽動隊とし、あるいは噂を流して攪乱したという陽動作戦を考えられた。

しかし、真実はその逆であったろう。通説の北方ルート隊こそが囮《おとり》であり、家康がいると見せかけた陽動隊であったと推理する。本物の家康は京都から遠い大和越えの南方ルートにいた方がはるかに安全であり、かつ現実的だからである。京都から60キロ以上も離れた南大和を通過するというような噂を流したところで、光秀が大和に向かって刺客や追っ手を放つなどということは現実的ではない。大和にいる味方に対し、「家康を捕らえろ」などと命じたところで、その命令を伝達し、あるいは家康を捜す間に逃亡してしまうのが落ちであろう。久保氏の考えは、電話や電波がない時代においてはナンセンスと言わざるをえない。

『伊賀者由緒幷御陣御供書付』に「信長於本能寺御生害之旨、西御門跡（本願寺光佐。顕如）幷《ならびに》茶屋四郎申上候、夫《それ》より権現様、大和路に被為遊候」と記されている（79頁）。また『譜牒余録後編』の村山武大夫の項にも同様のことが記されている（88頁）。『伊賀者大由緒記』も同様である（97頁）。これらの伊賀者由緒記に、なぜ茶屋四郎次郎と顕如が登場するのか、不思議と言えば不思議である。例えば何らかの形で本願寺と伊賀衆が家康に助力したのだろうか。その結果、茶屋四郎次郎は京都方面へ向かい、家康は大和へ向かったことが、伊賀者の間に伝承として残ったのだろうか。

堺・妙国寺『治要録』に記された南北ルート

この「計略」を具体的に表したと思われる文書が堺に残っている。

天正十年　家康公與《と》二穴山梅雪一遊二‐歴于堺津一〈梅雪ハ甲斐信玄公之弟也〉公《(家康)》宿二于妙国寺一　雪《(梅雪)》宿二于光明院一、六月二日明智光秀殺二信長公一因レ之　家康公欲レ帰二于遠州一、珖《(日珖)》陳二盛饍《ぜん》一進レ茶　公問二茶盞《ちゃわん》之名一、珖曰灰被《ハイカツキ》　公祝二早勝ノ義一（灰被《(ハイカツキ)》と早勝《(ハヤカツ)》和語相近也、此時未遣茶盞後献于将軍家）珖《(日珖)》父《(油屋)》常言令下公《(家康)》為二買客之体一、歴二於大和路一至二伊勢白子一、買レ舩入中于遠州上、梅雪趣二于洛一於二宇治田原一被レ囲死去已上略

（「中興輪番来由」『治要録』。『堺市史史料』六四巻・寺院編6所収）

（後略）

【傍線部読み下し文】

（日）珖の父（油屋）常言、家康公に買客《かかく》の体を為さしめ、大和路を歴《へ》て、伊勢白子に至り、舩を買い、遠州に入る。梅雪、洛に趣き、宇治田原において囲まれ死去す。

【傍線部訳】

日珖の父である油屋常言は、家康公を商人の姿にして、大和路を経て、伊勢白子に至り、舩を買って、遠州に入った。（一方）穴山梅雪は京都の方に赴き、宇治田原で囲

まれ死去した。

これは宝暦七年（一七五七）のものとされる妙国寺（堺市）の文書である。本史料を紹介した大畑博嗣氏の「中世後期堺における法華宗僧の活動 ―日珖の動向を中心に―」（「大谷大学大学院研究紀要」第25号）の解説文を借りれば、「この史料は、日珖以来実施されている中山法華経寺輪番を破棄しようとする、法華経寺の院家《いんげ》と輪番を行っている本法・頂妙・妙国寺の三ヶ寺との数次にわたる争論についての記録などを二冊にまとめたもの」で、幕府へ上奏した時に書かれた由緒書と思われる。また同氏は「日珖は慶長三年（一五九八）に没しており（中略）日珖が没してから時間が経っていない時期の記述」と解された。

これによると、六月一日、家康は妙国寺で、穴山梅雪は光明院で宿泊し、二人は本能寺の変があった二日の朝を別の寺院で迎えている。妙国寺は松井友閑のいた堺政所《まんどころ》にも近く、『宇野主水日記』の六月一日条にある「堺南北庵に寄宿」との位置関係も概ね正しい。『堺鑑《さかいかがみ》』（貞享元年〈一六八四〉）の妙国寺の項に「家康公御上洛直《スグ》ニ当寺ニ渡御《トギョ》」とあり、光明院の項に「穴山梅雪当寺ニ旅宿《リョシュク》」とある。『朝野旧聞裒藁《ちょうやきゅうぶんほうこう》』も「公大坂より和泉国堺に至らせられ妙国寺に宿らせらる。御旅館の地、他の所見なし」としている。

妙国寺は、三好実休《じっきゅう》が法華宗の高僧・日珖に帰依して寺地と寺領を寄進し、堺有数の豪商だった日珖の父・油屋常言が資金を援助して創建された法華宗の寺院である。なお、実休は信長の四国攻めの当事者・三好康長の甥でもある。永禄九年（一五六六）から大坊・常佐坊・十地坊の建築が始まり、元亀二年（一五七一）に本堂が完成している。その後も、塔頭や鐘楼などが建立され、家康が泊まった頃にはほぼ完成していた。

日珖には信長との因縁があった。天正七年、日珖は頂妙寺の僧として浄土宗と法華宗との「安土争論」に加わったが、「妙」の意味が分からず、散々

妙国寺（堺市堺区）。天正11 年（1583）に完工した伽藍は、慶長20年（1615）の大坂夏の陣で、徳川家康滞在との報を受けた大野治房隊に焼き払われた。伽藍は江戸中期までに再興されたが、昭和20 年7月の堺大空襲で大部分を焼失した。現在の本堂は昭和48 年に再建されたもの。境内に大蘇鉄（国の天然記念物）があるが、織田信長が安土城に移植させたが、祟りを怖れて妙国寺に返したという伝説が残る。

に打擲《ちょうちゃく》されたことが『信長公記』に見える。争論の警備の一人に長谷川秀一もいたから、家康を挟んで秀一、日珖との間で安土争論に話が及んだことであろう。日珖は冷や汗をかき、家康がほくそ笑んでいる様子が目に浮かぶ。

また日珖の兄の油屋常祐《じょうゆう》は武野紹鷗《じょうおう》に師事した、堺を代表する茶人の一人である。『山上宗二記』に「天目之事」として、「天下三ツ内二ツ関白様ニ在リ引拙《(鳥居引拙)》ノ天目堺油屋ニ在リイツレモ《(いづれも)》灰カツキ《(被)》也」とあるほどの名器、灰被天目も所持していた。家康がその灰被天目に興味をもったとしても不思議ではない。家康が天下の名物茶碗「灰被」で茶を楽しみ、「和語」つまり和やかに語り合っている光景に多少の潤色はあるにしても、一から創作した話とも思えない。この常祐所持の灰被は、後に尾張徳川家に移っている（『茶道名器目録』）。

前置きが長くなったが、これらを前提にして傍線部を確認する。「常言、家康公に賈客の体を為さしめ（商人の姿にして）」の箇所は、『石川正西聞見集』にある「らうそく箱と有之箱（ろうそく箱と書かれた箱）の中より具足を取出し」たという光景を彷彿《ほうふつ》させる。『石川正西聞見集』では、家康はろうそく売りに変装していたのである。

次に家康は、「大和路を歴《へ》て、伊勢白子に至」ったが、梅雪は、「洛（京都）に趣き、宇治田原においで囲まれ死去」している。つまり、家康は大和路へ、梅雪は宇治田原へ向かったことが書かれている。これこそ、南北二ルートに分かれたことの証左ではないか。妙国寺が当時としては意表を突くような二ルート説を創作する必要はないはずだ。

『伊賀者由緒幷御陣御供書付』(79頁)や『伊賀者大由緒記』(97頁)には、堺で茶屋四郎次郎清延が家康に、大和路に向かうことを注進したと書かれている。しかし、『茶屋由緒書』では、清延自身は山城方面に向かっている。京都茶屋家の初代・清延から三代目の清次までは、法華宗本能寺の末寺・東漸寺の檀徒で、後に剃髪《ていはつ》し出家するほどの信者だったという(望月真澄「豪商茶屋の法華信仰」)から、家康帰路に関する密談が茶屋四郎次郎を交え、妙国寺で行われたこともありえないことではない。

家康一行を乗せたとする伊勢大湊の廻船問屋である角屋七郎次郎秀持・忠栄父子が、幕府に答申した写しと思われる文書を残している。冒頭部分のみを次に掲げる。

上様(家康)御上洛京都御見物被為遊《あそばせられ》、夫より泉州堺の妙国寺に御旅館被為遊候処《ところ》、六月二日信長公は於京都本能寺、信忠卿は於二条御所、逆心明智日向守光秀のために御両所共御生害之趣　上様於堺被聞召《きこしめされ》御驚被為遊、直に堺より御入洛被成《なされ》、日向守を討亡さんと御談合被為遊得共、此節京都御見物にて御無勢なれは、御家人衆強て奉諫《いさめたてまつり》候に付　上様御得心には無御座候得共《ござなくそうらえども》、一先御帰国の御事と相究候節、穴山梅雪殿御同道に御座候処、上様に心を被置《おかれ》候て、堺より御別れ被成帰国被致候、然るに京都の大変にて所々に土民一揆相起り、穴山殿は夫《それ》ゆへ土民の為め御生害被成候

（角屋文書「角屋秀持・同忠栄連署奉答書写」『南紀徳川史』第七冊）

傍線部には、家康が堺の妙国寺に宿泊したことが示されている。この文書の日付は元和三年（一六一七）正月吉日で、『治要録』より百年以上古い。妙国寺での宿泊は確かではないか。なお本文に続く「伊賀かぶと越の事」では、信楽の多羅尾四郎右衛門（光俊）が登場することから北方ルートを想像させるが、本書は南北二ルート併存説を採るため、特に問題はない。逆に傍線部の「上様に心を被置候て、堺より御別れ」の箇所は、『治要録』同様、出発時点から二人は異心を抱き、別の道を選んだことを示唆しており、興味深い。

『御当家記年録』に、「家康公聞信長生害、経大和伊賀路。此路次江州信楽領主多羅尾某為家康公前導尽忠勤」とある。大和経由信楽越えは『徳川実紀』にも見える（103頁）。『創業記考異』にも大和経由の多羅尾ルート（67頁）が異説として載せられている。多羅尾氏が登場するからとて、大和越えが頭から否定されるものでもないだろう。なお本文は、「白子若松浦」で船がなくて困っている家康を角屋秀持が助けたことが主意の文書である。

日野の蒲生氏宛家康書状

北方ルートには、重要な一次史料が残っている。

急度以飛脚申候、其城堅固ニ被相拘之由尤候、御君達衆御無沙汰候者雖有間敷候、弥御馳走大慶可為満足候、信長年来之立御厚恩難忘候之間、是非惟任儀可成敗候之条、可御心安候、無異儀其面被拘可有事専要曲候、恐々謹言、

（天正十年）六月四日　　家康

蒲生（賢秀）右兵衛大助殿

同（氏郷）忠三郎殿

（神宮文庫所蔵「山中文書」）

【読み下し文】

急度《きっと》飛脚を以て申し候、その城堅固に相拘《かか》えらるるの由尤《もっとも》に候、御君達《ごきんだち》衆御無沙汰候者《そうろうは》有まじく候といえども、いよいよ御馳走大慶に満足たるべく候、信長年来の御厚恩忘れ難く候の間、是非惟任（明智光秀）の儀成敗《せいばい》すべく候の条、御心安かるべく候、異儀無

くその面拘えられ有るべき事専要に候、恐々謹言（以下略）

（藤田達生『証言　本能寺の変　―史料で読む戦国史―』）

六月四日、堺を脱出してきた家康が、明智光秀の成敗を蒲生賢秀・氏郷父子に要請している書状である。この書状について藤田達生氏は、「近江国甲賀郡柏木御厨《かしわぎのみくりや》を本拠とする国衆で、甲賀郡中惣の有力メンバーだった山中氏に伝来した古文書群に含まれている。これは、家康が安土城の留守居を務めていた蒲生賢秀・氏郷父子に宛てて、信長の一族を庇護していることの労をねぎらうとともに、光秀の征伐を表明したものである。花押はないが、内容的に問題がないことから、控《ひかえ》が伝来したとみてよいだろう」（前掲書）と解される。

本能寺の変の発生を知った氏郷は、翌六月三日卯の刻（朝六時）に信長の御台《みだい》（正室・帰蝶《きちょう》か）などを日野城に逃がし匿っている（『氏郷記』）。藤田氏は、「信長の母親や側室をはじめとする一族を連れて居城日野城（滋賀県日野町）に退いた。家康が蒲生父子を支援すべくこの書状を発信したのは、六月四日という日付から判断すると、甲賀郡信楽の小川館（甲賀市）を出立した際ではなかろうか。山中氏は、家康の使者として蒲生氏のもとに派遣されたのであろう」と説明される。果たしてそう言い切れるのだろうか。

藤田氏は、以下のように解釈されたと思われる。六月四日、家康は信楽の小川館から日野城に向かってこの書状を発した、小川と日野の経路上に柏木（現甲賀市水口町）が位置する（図7、ルート①）ことから山中氏に書状を託し、そのため、柏木の山中氏のもとに書状の写しが残ったという考えである。

これに対し、南方ルート上の柘植から日野城への経路（ルート②）を想定すると、ルート①より近いが、柏木が経路上から外れることになる。経路上にない柏木の山中氏に書状が託されることは考えにくく、南方ルートが成立する余地は少なくなる。

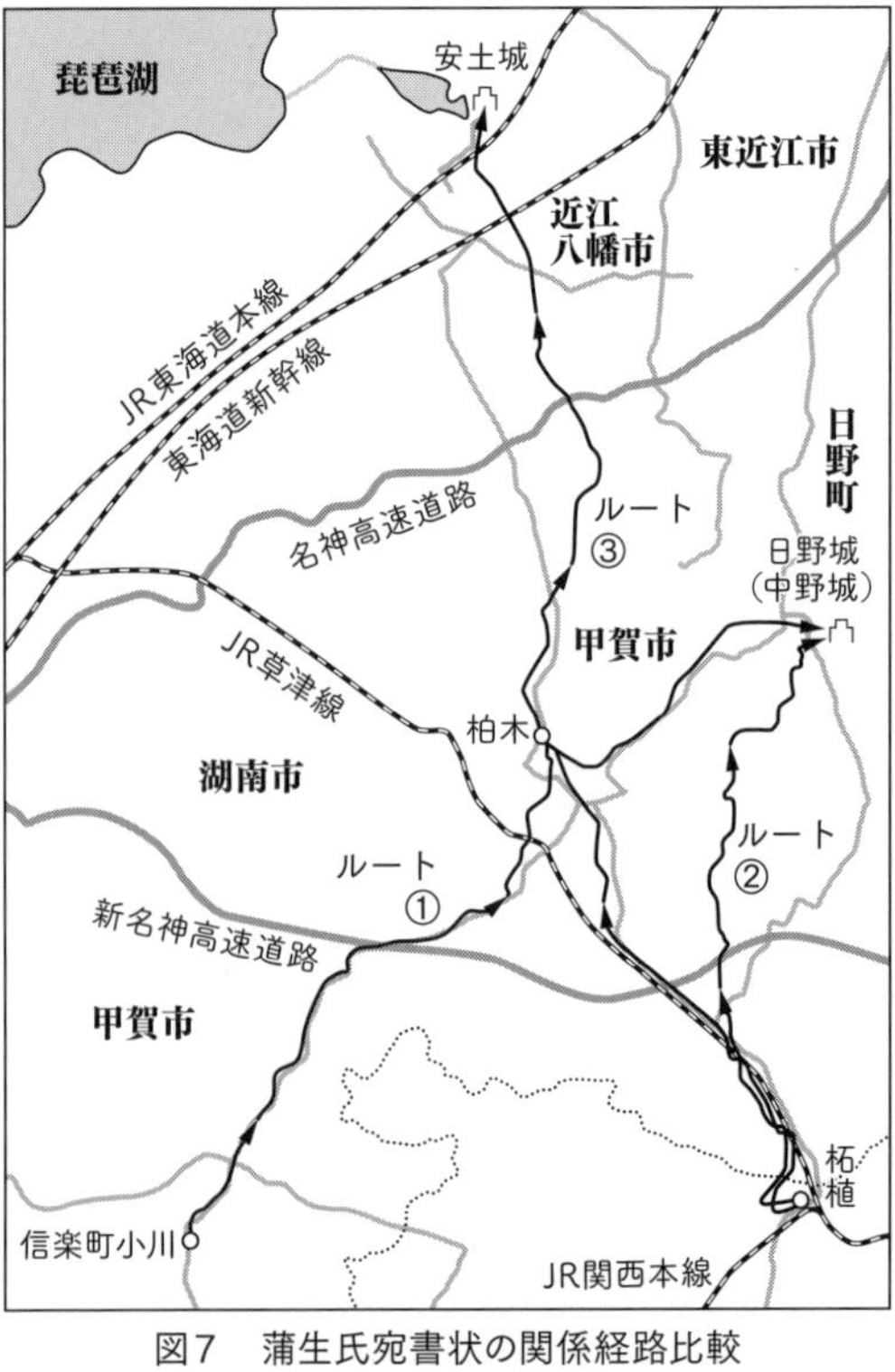

図7　蒲生氏宛書状の関係経路比較

しかし、堺から一目散に疾駆《しっく》する家康が蒲生父子のこの行動を把握していたかは極めて疑問である。隠密に、しかも迅速に移動している家康に対し、蒲生氏側から連絡するすべはなかっただろう。とすると家康は、蒲生父子がまだ安土城の留守を守っているという認識だったと思われる。家康にとって、安土城に残った者の安否は、道中ずっと案じられたことに相違ない。そのため、柘植に到着するや否や、家康が安土城に向かって偵察者を送ったと考えてみよう。そして偵察者は、柘植から安土への経路上の柏木にいる山中氏から蒲生父子が日野城に移ったことを教えられた（ルート③途上）。偵察者は急遽引き返し、柘植にいる家康にそのことを通報した。そこで家康は、偵察者と山中氏にこの書状を日野にいる蒲生父子に届けさせた（山中氏が偵察者と共に柘植に来た場合はルート②、山中氏が柏木に残った場合はルート③を経由し、柏木から日野城まではルート①）。こう考えると、この書状の写しが山中氏の手元に残った経緯が説明できる。なお六月三日の夜、家康は柘植で泊まったとすれば、この時間的ロスは家康就寝中の出来事であり、四日朝の出発時間に影響を及ぼすことはない。したがって、この書状の写しが山中氏に残ったことをもって、南方ルートを否定する決め手にはならないということである。

『伊賀町史』は、「徳川家康は、急遽《きょ》三河に帰るに際して柘植で一泊している。泊地は徳永寺である」と断定的に書いている。その根拠として、「家康はその時の礼として、門前境外地目通り一町四方の田畑山林を与え、その他竹やぶ、茶園なども与え、葵《あおい》紋の使用も許している」という寺伝を挙げている。また柘植氏が家康に宿を貸したとも伝えられている（柘植宗澄『柘植姓の研究』）。

『蒲生氏郷覚書』と大和越えの『伊賀者由緒幷御陣御供書付』

家康の伊賀越えを考える場合において、前項の蒲生氏宛書状は、もっと大きな意味を持つ可能性がある。次に掲げる蒲生氏郷覚書との関連を考えていただきたい。

覚

一、今度　上様御果口無是非儀候、仍明智当国江下向幸ニ候、催一揆可打果、然者御褒美之段可有訴訟候、聊無如在疎意馳走可申候事

一、皆共忠節在様ニ被仰出候へとの旨、本願寺殿へも申上候事

一、御本所様・三七郎様・徳川殿其外歴々可被達本意候、造意無油断候間、御出張不可有程候、然者皆々所可被参候事、

以上

（付箋）「蒲生飛騨守筆」

（「興敬寺文書」『大日本史料　第十一編之一』）

【読み下し文】

一、今度上様（信長）御果口《はてくち》是非なき儀に候、よって明智当国へ下向幸ニ候、一揆を催し打ち果たすべし、しからば御褒美之段、訴訟有るべく候、聊《いささか》も如在《じょさい》疎意なく、馳走申すべく候事

一、皆共忠節これある様ニ仰せ出られ候へとの旨、本願寺殿へも申し上げ候事

一、御本所様（織田信雄）・三七郎様（織田信孝）・徳川殿其外歴々ご本意を達せらるべく候、造意油断なく候間、御出張程有るべからず候、しからば皆々の所に参らるべく候事、

これは蒲生氏郷の自筆とされ、興敬寺文書として残されているものの一つである。前述したとおり、蒲生父子は信長の御家族衆を安土城から移し、日野城に匿った。その上で、氏郷は信長が本能寺の変で死去したことを嘆きつつも、明智光秀が近江に来ることを機に、氏郷のお膝元にある興敬寺（滋賀県日野町）の門徒衆が一揆を起こし、光秀を討ち取ることを期待している。（興敬寺が味方した場合には）褒美がもらえるよう（本願寺に）かけ

あう。皆に忠節を尽くすよう命じてくださいと（蒲生氏から）本願寺にも伝えた。織田信雄・信孝及び徳川家康殿その他お歴々の思惑通りに（明智成敗が）成就するだろう。油断なく計画され、じきに軍勢も出されるだろうから、皆々の所へ参られよ、と氏郷が光秀との戦いに向け、真宗勢力の加勢を求めたものと解される。

「明智が当国（近江）へ下向」という箇所は、六月四日〜八日の状況と合致（九日に光秀は上洛、十三日に山崎の戦いがある）し、また「徳川殿其外歴々ご本意を達せらるべく候」と、家康の本意が明瞭に記されていることから、この覚書は、前項の家康からの書状を受け取った直後に書かれたものと推定できる。しかも「本願寺殿へも申上候」からは、氏郷が本願寺が光秀に与《くみ》しないことを確信していることが読み取れる。

二年前の天正八年（一五八〇）に信長と本願寺の顕如とが講和したとはいえ、教如はこれに従わず抵抗していた時期である。本願寺の門末《もんまつ》寺院においても顕如派と教如派とに分かれ、どちら側につくか、去就に困っていた門末もあった。中には大和本善寺（奈良県吉野町）の証珍のように、両派と誼《よしみ》を通じていたことが露見し、顕如方の坊官・下間頼廉《しもつまらいれん》に謝罪した（草野顕之「教如教団の形成と性格」『顕如』）ような一家一門衆（本願寺家の親戚筋）もあった。それほど本願寺内部の対立は厳しく、一部は潜行するなどデリケートな状況であった。信長の死をきっかけに本願寺が光秀側につくおそれなきにしもあらずである。

勅命講和を信長を欺くための密計とする説（辻善之助『日本仏教史』）も存在するほどだから、氏郷によほどの確信がなければ、この地域における有力な真宗寺院である興敬寺に対し、この覚書は書けない。しかも相手は、石山合戦で信長と戦う本願寺を支援した門徒衆を擁する寺院である。

　では興敬寺は顕如派であったのか、教如派であったのか、これについては小風真理子氏の「石山合戦後の本願寺内紛と門末―近江日野の事例から―」（『戦国史研究』第四四号。二〇〇二）という研究成果があるので、これをもとに検討してみたい。

　天正八年三月十七日の勅命講和直後の三月二十五日、教如が「日野惣中」に、信長への抵抗を継続することが重要との旨の書状を出している。六月十三日、教如側から興敬寺の永宗に対し、「其方四人之坊主衆せっかんニ付而《ついて》、御迷惑ニ候」という返書が届く。日野の四寺院が教如を支援したため顕如から譴責を受けて困惑し、それで永宗が教如側に相談したことに対する返答である。教如側は、「新門主（教如）様江《へ》御家得相被渡《あいわたされ》」と、顕如から家督が譲られたと事実に反することまで書いて、この四寺を引き止めようとした。教如は続いて八月九日、大坂を退出して雑賀に行くに当たり、「ヒノマキ（日野牧）坊主衆中」宛に、「予《よ》一味同心之衆、毛頭気遣《きづかい》有間敷候《あるまじく》」と書いた書状を出し、顕如からの処罰を恐れて動揺する日野の門徒を慰撫している。

天正十年十一月十五日、興敬寺らは顕如方の下間頼廉の取次である照従から、「四ヶ寺御一味候て御嘆願之儀、尤《もっともに》存《ぞんじ》候」と、四寺院が揃って嘆願することは感心であるとの書状を受け取っている。本能寺の変で信長が亡くなると、正親町《おおぎまち》天皇が顕如と教如の和解を斡旋し、六月二十七日に教如が頼廉に「後悔千万」と詫びの誓詞を入れることで和解が成立した。すると、それまで教如派だった日野の四寺院が不安になり、顕如方の頼廉に相談したと推測される。照従からの書状はそのことに対する返事であった。

以上の経過を踏まえると、氏郷が本能寺の変直後に、「忠節これある様ニ仰せ出られ候への旨、本願寺殿へも申し上げ候事」と、光秀に一揆を起こし氏郷に忠節を尽くせば、その旨を本願寺に伝え、褒美が貰えるよう掛け合うと覚書で約したことが意味を持つ。

覚書を書くにあたって氏郷が得ていたのは、本願寺は光秀に与しないという確信的な情報ではないか。興敬寺らが、顕如あるいは頼廉への取りなしを願っていたとしても、信長死去後の本願寺側の本心が分からなければ、氏郷としても「本願寺殿」に取りなすとは約束できない。逆に興敬寺らの動揺を事前に察知していた氏郷が、家康から得た情報をもとに、興敬寺を味方にできる機会と判断したからこそ書き得た覚書ではないか。本能寺の変から実に早い情勢判断である。

ここで再度、『伊賀者由緒幷御陣御供書付』（79頁）を見てみよう。その中に、「明智日向守企逆心、信長於本能寺御生害之旨、西御門跡《（本願寺光佐カ）》并茶屋四郎申上候、夫《それ》より権現様大和路に被為成候《なさせられ》」として「西門跡」の名が見える。なお、「西門跡」は顕如に比定されている。

永禄二年（一五五九）に正親町天皇の勅許で顕如は門跡として認められ、大坂本願寺は門跡寺院となる。その後、鷺森、貝塚、天満中島へと転々としたが、天正十九年（一五九一）正月に秀吉から現在の六条堀川に移転を命じられた。翌二十年に顕如が亡くなると教如が本願寺を嗣ぐ。しかし文禄二年（一五九三）に阿茶（准如）宛の顕如譲状が出現、教如は秀吉から隠居を命じられ、准如が本願寺を継承することになった。その秀吉も亡くなり、徳川の世になると、慶長七年（一六〇二）に家康から烏丸七条の地が教如に寄進され、本願寺が分離する。こうして京都の東西に二つの本願寺が分立することになった。「西門跡」とは、このとき生まれた概念と思われる。

ところで氏郷が書いた覚書には、「徳川殿」の名が見える。堺で何かがあり、それを家康からの情報で氏郷が掴《つか》んでいたことを匂わせる。そのうえで『伊賀者由緒并御陣御供書付』の話を信じれば、「西門跡」も堺で密談に加わったことになる。ところが、顕如は鷺森（現和歌山市）にいたから、「西門跡」の実体は不明である。

「西門跡」は誰か、それとも「西門跡」は架空か。本願寺の実質的な軍事指揮権は下間氏にあり、信長も一揆の責任者は下間氏という認識だった。それゆえ天正八年の信長との和睦も本願寺を代表して下間氏の誓詞が出されている。かつて、その下間宗家が本願寺門主への上座奏者を担ってきたことから、『宇野主水日記』に見え隠れする宮内卿法印・下間頼芸の存在が気になる。また刑部卿法眼・下間頼廉もちらつくが、いずれも堺にいたという確証がない。ちなみに光秀滅亡直後、頼廉が次の書状（読み下し文）を、蒲生父子に出している。奇しくも、当時、堺や住吉にいた信孝・松井友閑・丹羽長秀の名が見える。

未だ申し通ぜず候と雖《いえど》も、啓せしめ候、今度京都不慮之儀、是非に及ばず候、それについて当寺（本願寺）に対し御入魂《じっこん》に預かるべき之由、飛脚差上され、承り候通り門主へ申し顕し候、寔思召《まことにおぼしめし》寄せられ、御懇《ごこん》之段別而《べっして》満足申され候、能々《よくよく》相意得申し入るべきの旨に候、三七様（織田信孝）此方へ深重に仰せ通ぜらるべき之旨、宮内卿法印（松井友閑）・惟住五郎左衛門殿（丹羽長秀）御使として仰せ越され候、以来切説申し承るべく候、猶期後喜之節を期《ご》し候、恐々謹言、

六月十八日　頼廉（花押）

蒲生（賢秀）右兵衛太夫殿

蒲生（氏郷）忠三郎殿

（「興敬寺文書」『大日本史料　第十一編之一』）

山崎の勝利直後に、蒲生父子だけでなく、信長の遺臣らと本願寺とが互いに誼《よしみ》を通じることを喜び合っている。先の氏郷の覚書の内容と、この書状の日付から考えて、蒲生父子が本願寺に飛脚で「入魂」の旨を伝えたのは、覚書の前ではないか。

『宇野主水日記』に、六月十一日、本願寺の坊官・下間少進仲之が光秀に「御入魂《じっこん》被頼《たのまれ》トノ」旨の書状を出したが、光秀討死のため書状が届かなかったと記されている。下間頼廉の書状と、下間仲之の書状を比較すると、本願寺の顕如派といえども、反光秀派、中立派、光秀派に分かれ、決して一枚岩ではなかった機微な状況が想像される。

家康は帰路、本願寺内部の極秘情報を蒲生父子に伝えた。氏郷はそれを頼りに本願寺に「御入魂に預るべき由」と申し入れ、興敬寺を味方につけようとした。その徴証が氏郷の覚書や頼廉の書状であり、その傍証が『伊賀者由緒幷御陣御供書付』等ではないだろうか。

甲賀の和田氏宛起請文と甲賀越え

北ルートを陽動隊とし、家康本人は密かに南ルートである大和から伊賀に抜けたとすれば、家康が和田八郎定教《さだよし》に出した起請文《きしょうもん》をどう解釈すべきかという問題に直面する。

敬白起請文之事、

一、今度質物早速被出《だされ》候段、祝着之事、

一、御身上向後見放申間敷《みはなちもうすまじく》候、可然様可令馳走《しかるべきようちそうせしむべき》事、

一、何事抜公事、表裏有間敷《あるまじき》事、

右条、若於令違犯之上者《もしいはんせしむるのうえにおいては》、

（神文略）

天正十年壬午六月十二日　家康

和田八郎（定教）殿

和田定教は和田惟政《これまさ》の弟とされ、和田氏は甲賀郡和田を本拠とする室町幕府の奉公衆だった。三好義継《よしつぐ》や松永久通《ひさみち》（松永久秀の子）らが将軍・足利義輝を殺害したとき、義輝の弟で奈良興福寺一乗院門跡である覚慶《かくけい》（後の将軍義昭）を久秀が幽閉したが、細川藤孝らが覚慶を脱出させ、和田惟政の邸に匿ったことで知られる。

この起請文は、家康が三河に帰還した後に発給した感状である。定教は、甲賀で家康を案内した功績でこの感状を賜ったとされ、案内に際しては人質を出していたことが分か

る。ただし、北方ルート隊を助けたことに対するものだったと理解することも可能である。本隊よりも危険な陽動隊に身を挺した家康の家臣を助けた功績は十分に大きく、恩賞に値しよう。

『戸田本　三河記』には、「江州信楽マテ著（着）セ玉フ、信楽ノ多羅尾四郎兵衛父子御向ヒ（中略）自ラ御供仕リ、甲賀越ニカヽリ、勢州関マテ送リ奉ル」とある。これについて藤田達生氏は前掲書の中で、「これには、小川館から「甲賀越」で「勢州関」に出たと記されている。確かに山中氏や和田氏といった甲賀衆の道案内のもと、北伊賀路よりも安全な甲賀路を疾駆したと推定することもできるであろう」、「この場合は、小川館から（中略）和田氏の領地を抜ける油日《あぶらひ》越えで柘植に至る

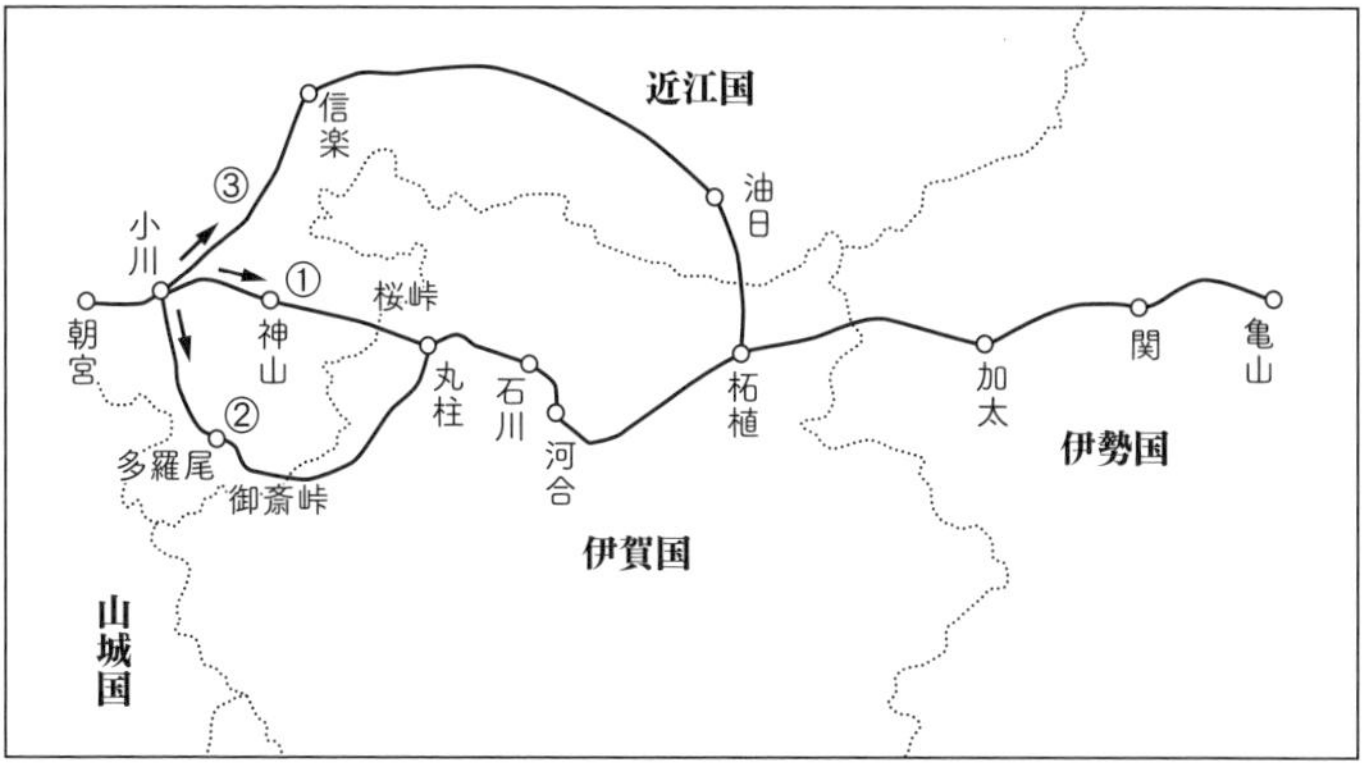

図8　家康の甲賀越えルート図
③が『戸田本 三河記』から想定される甲賀越えを表し、「油日」が和田氏の領地である。①は『石川忠総留書』によるルート、②は『徳川実紀』によるルートを表している。（『伊賀市史』より引用）

ルートが想定できる」とし、163頁図8の③のルートを示された。ただ図8が示すように、①〜③のいずれのルートをとっても柘植に至る。柘植で南方ルートと合流するから、本起請文は北方ルートの一つとしての甲賀越えの根拠にはなるが、南行ルートの存在を否定するものでもない。むしろ、①の『石川忠総留書』の信用性に疑問を投げかける点においては本書の立場と共通し、見方によっては本書の説を補強する考え方でもある。北方ルートとしての甲賀越え（③）と、南方ルートとしての伊賀越えは決して相反するものではない。

桑名・四日市・那古・白子、乗船した湊はどこか

『石川忠総留書』の経路の矛盾については先に述べたとおりである。そもそも坤巻ルート（後の東海道）から、乾巻ルート上の神戸城に行き、そこから坤巻ルートに戻ること自体、不自然なのである。したがって乾巻ルートと坤巻ルートが両立しないことは明らかである。家康が乗船した湊が桑名、四日市、那古、白子と四説存在することも、不可解極まりない。『石川忠総留書』だけでも四日市、那古、白子が登場する。なぜこのような混乱

が生じたのか。すると次のような解釈はできないだろうか。

　南方ルートの痕跡を示すのが乾巻であり、家康は、住吉に布陣する信孝から伊賀衆を護衛につけてもらった礼と信孝の安否を伝えるべく神戸城に立ち寄った。これに対して、鈴鹿川北側の、当時まだ未整備だった東海道の原道を通ったのが北方ルート隊であり、それを示すのが坤巻である。家康は神戸城から那古または白子に向かい、北ルート隊は四日市で船を確保した後、家康を乗船させた。これなら留書の乾巻と坤巻の経路を共存させることが可能である。

　四日市湊は伊勢神宮の下港・大湊を母港とする伊勢海小廻船の寄港地で、伊勢湾の海上輸送の拠点の一つだった。伊勢国十三浦の水主（加子《かこ》）割触頭として水主を動員する立場にあった湊でもある。『四日市市史』には、「大湊文書の『船々聚銭帳《ふねぶねしゅうせんちょう》』の中にも、永禄八年（一五六五）十一月の一月間に、四日市庭浦《よっかいちばうら》の船が七艘大湊に入津したと記録されている。このように、四日市湊は戦国時代に入る頃から活動を始め、以後近世まで伊勢湾内の海上輸送活動を拡大していく」と記載されている。

　家康は四日市湊の重要性を認識していたからこそ、天正十八年（一五九〇）に四日市場を自らの所領としている。こうした四日市場や四日市湊の状況、それが織田領であったことを考えると、四日市を越えて桑名に行ったり、一里半も遠い那古まで行く必要はない。

もしも桑名に行く必要があるとすれば、それは四日市に船がなく、伊勢海小廻船の寄港地である桑名まで誰かが早馬で行き、四日市に廻船を回させたことが考えられるぐらいか。

享和三年（一八〇三）の文書であるが、四日市に次のような書付が残っている。

　　乍恐御尋ニ付、以四日市湊御由緒之儀奉申上候、

一、四日市湊之儀、往古者《は》重《おも》ニ漁猟而已《のみ》仕、渡海茂《も》漁船ニ而《て》渡世 仕《つかまつり》候処《ところ》、天正之頃、明智本能寺乱之砌《みぎり》、乍恐《おそれながら》 東照宮（家康）様泉州堺より大和路江《へ》御掛り伊賀越ニ而《て》勢州江《へ》御移り被為遊《あそばせられ》、四日市浜辺江《へ》御越、杢左衛門と申漁師江被為仰聞《おおせきかせられ》候者《は》、竊《ひそか》ニ渡海被遊度由《あそばされたきよし》ニ而《て》見あやしめられさる様可致《いたすべき》段 御意ニ付、奉 畏《かしこみたてまつり》 近辺当浦漁場ニ而《て》見あやしめ候もの無御座《ござなく》候段奉申上候得者《そうらえば》、御安心御乗船被 遊《あそばされ》御供奉申上候（中略）兎《と》角《かく》 仕《つかまつり》 候内三州吉田江《へ》御着船、夫《それ》より遠州浜松江御入城と申伝候、（中略）然ル所四日市之□、慶長元年申年 東照宮様御料地ニ相成、（後略）

（伊勢四日市宿問屋・年寄書付「井島文庫文書」『四日市市史』第十巻）

この書付を読むと、その昔、四日市湊は漁港だったようである。家康の所領となったのは天正十八年（一五九〇）のことだが、この書付では慶長元年（一五九六）となっている。

この書付の内容には疑問を持たざるをえない部分もあるが、少なくとも家康は大和を越えてきた、そして四日市から乗船したという伝承が残っていたことを示している。

穴山梅雪の死について

本能寺の変の直後、世の人には軍勢を引き連れた家康の陽動隊（囮部隊）の方が人目についた。大和でも細々ながら、家康が通ったらしいなどと噂したことだろう。しかし家康がどこを通ったなどということは、次第に人々の記憶から消えていった。この原因は、家康が口をつぐんだことにあるのではないか。そしてそれは、同行していた穴山梅雪の横死が関係しているのではないだろうか。その観点から、穴山梅雪の死が諸文献にどのように書かれているのかを確認してみたい。

通説の堺～山城～信楽～伊賀～伊勢の北方ルートを通過したことを示す資料を《北方系》とし、堺～大和～伊賀～伊勢の南方ルート通過を示す資料を《南方系》として分類する。またルートが不明確なものを《中立系》とし、北方ルートと南方ルートの両方が混在しているものを《混在系》とし、それぞれ穴山梅雪の死に関する記載を抽出した。

中立系

『家忠日記』 松平家忠（一五五五―一六〇〇）著

穴山ハ切腹候

『三河物語』 一六二二年、大久保彦左衛門忠教著

あな山梅説（雪）ハ、家康をうたがひ奉りて、御あとにさがりて、おハしましける間、物取《ものとり》共が打ころす、家康へ付奉りて、のき給ハバ、何のさおひも有間敷に、付奉らせ給ハさるこそ浮雲（不運）成、

『木俣土佐紀年自記』 木俣守勝（一五五五―一六一〇）著

伊賀越三州に御帰り也、此時守勝又御供、家康公、守勝を召し、伊賀山中路次の案内を仕るへきの旨仰付させらる、其子細ハ、守勝上方巡遊せし者故也、家康公謀て如此案内をせさせ給ふ故に、先導して本道に出、家康公是を感し給ふ、此時穴山梅雪と、家康公と同ク此路に帰、一濱を隔る也、無案内者を以て、路次野伏相集て梅雪を殺害するの由也、時に又伊賀山の中に於て、家康公の御膳の用意なく難儀たり、

『耶蘇会日本年報』「ルイス・フロイス書簡」 一五八三年二月十三日

信長の凶報堺に達するや（前に述べたる如く）この町を見んとて行きし三河（家康）の王及び穴山（梅雪）

殿は、直に彼等の城に向ひしが、通路は既に守兵に占領せられたり、三河の王は、兵士及び金子の準備十分なりしを以て、或は脅し或は物を与へて、結句通過するを得たり、穴山殿は出発遅れ、又少数の部下を従へし為め、更に不幸にして一度ならず襲撃せられ、先ず部下と荷物とを失ひ、最後に自身も殺されたり、

『老人雑話』江村専斎（一五六五―一六六四）の談話を伊藤坦庵が筆録編集した口述集

堺ニ御座ス内ニ、明智謀反シテ信長ヲ弑ス、是ヨリ両人伊勢地ニ越、本国ニ皈《(帰)》ル、穴山ハ路次ニテ一揆殺セリト云、又ハ東照宮所為ナリ共云、

混在系

『伊賀者大由緒記』「元禄十五夘《(卯)》年十月大久保玄蕃頭殿へ書上候扣《(控)》」

権現様梅雪御相談の上本道は如何と被思召、伊賀路鹿伏兎山越御心掛大和路迠《(迄)》御旅行有、此時野武士共襲来を馳破、伊賀大和堺《(境)》高見峠迠《(迄)》奉見送節、梅雪遅れ被申大和の内にて野伏の為に討死、権現様は伊賀路へ被為越、

『神祖泉堺記事一名界御退之記**』**一七五〇年頃。柏崎永以著

今夜此所（山田村）よりの御退道、御相談の砌《みぎり》、神君ハ梅雪、お竹等に向ハせられ、兎

角各も我等と一同に伊勢路迄退るへし、且又梅雪ハ御同道有て甲州まて送り届らるへしと仰らる。竹ハいかにも御意に随ひ、勢州迄越行、それより安土へ罷帰て、進退兎にも角にも可仕と御請申上る、梅雪ハ、神君若途中にして我を殺し、其領分を没収せらるへきかと、いやしき己か心底に疑ひ奉り、御答申様ハ、私儀ハ此所より宇治橋を渡り、木幡越を近江の高嶋に掛り、美濃の岩村に出候得は、甲州への便路宜しく候と申す、神君兎も角もと仰らる、依て梅雪ハ御同道申さぬ也、同三日、梅雪ハ未明に神君に引別れ、山田村より北に向ひ、木津の枝川に添て、山城綴喜郡草内村に至る、（略）草内の渡りの東の方に至る比《ころ》、梅雪従者、其案内に頼ミたる者の中、銀の鍔かけたるを見かけ、其者を殺して、其刀を奪ひ取しかは《ば》、土民とも大に怒り起て、梅雪を始め、其従者悉く打殺す、

『東照宮御実紀』一八四三年完成の江戸幕府の公式史書

穴山梅雪もこれまで従ひ来りかば、御かへさにも伴ひ給はんと仰せありしを、梅雪疑ひ思ふ所やありけん。しゐて辞退し引分れ、宇治田原辺にいたり一揆のために主従みな討たれぬ。（これ光秀は　君を途中に於て討奉らんとの謀にて土人に命じ置しを、土人あやまりて梅雪をうちしなり。よて後に光秀も、討ずしてかなはざる　徳川殿をば討もらし、捨置ても害なき梅雪をば伐とる事も、吾命の拙さよとて後悔せしといへり）

『改正三河後風土記』一八三七年成立

穴山梅雪もここ（飯盛の山麓）までは御供せり。「さらば御帰路にも伴はせ給はん」と仰けれども、梅雪うたがひ思ふ所ありしにや、辞退して分れ、宇治田原まで来りし所に野伏ども大勢蜂起し、梅雪主従ともに一人も残らず討れたり。長谷川はやがて和州城上郡十市玄蕃允遠光がもとへ使を立て案内《あない》をこふ。

『林鐘談』「巻末に弘化二年（一八四六）可叟居士の識語あり」（国会図書館書誌情報）

今度堺迄穴山梅雪御供仕しか、此半途より御引別レ申し、宇治田原筋へ掛りしに、草内の渉にて、石原源太催の一揆等に害せらる、

『国朝大業広記』成立時期不明。序に明和元年〈一七六四〉とある。

穴山梅雪モ爰マテ神君ニ従テ来リシカ素ヨリ邪智深ク我ヲ殺シ其領分ヲ没収セラルヘキカト賤キ己カ心底ニ神君を疑ヒ、是ヨリ宇治橋ヲ渡リ木幡越シテ（略）同三日神君ト引分レ山田村ヨリ北ニ向ヒ（略）郷導ノ者カ刀ニ銀鍔《ぎんつば》カケシヲ見テ欲心ヲ発シ渠《みぞ》ヲ斬テ其刀ヲ得タリシカハ土人大ニ起リテ梅雪ヲ始悉ク殺ス

『治要録』一七五七年成立

家康公与《と》穴山梅雪遊歴于《ここ》堺津〈梅雪ハ甲《（甲斐）》／斐信玄公之弟也〉公《（家康）》宿于妙国寺雪《（梅雪）》宿于光明院六月二日明智光秀殺信長因之　家康公欲帰于遠州、珖《（日珖）》陳盛饍進茶（中略）珖父常《（油屋）》言令公《（家康）》為賈客之体、歴於大和路至伊勢白子買舩入于遠州、梅雪趣于洛於宇治田原被囲死去

北方系

『原本信長記』 池田家文庫蔵『信長記』。太田牛一の慶長十五年（一六一〇）の奥書あり。

徳川殿、穴山梅雪・長谷川竹、和泉之堺にて、此由きかせられ、取物も不取敢、宇治田原越にてのかせられ候処ニ、一揆共差合、穴山梅雪生害し、徳川殿・長谷川竹、御人数被召列候之間、無事ニ桑名より御舟ニめされ、熱田之浦へ船著（着）也、

『信長公記』 太田牛一（一五二七―一六一三）著

徳川家康公　穴山梅雪　長谷川竹　和泉之堺にて　信長公御父子御生害之由承、取物も不取敢、宇治田原越ニテ被退候処、一揆共さし合　穴山梅雪生害也　徳川公　長谷川竹桑名より舟をめされ熱田湊へ舟着也

『石川忠総留書』 成立年不詳。石川忠総（一五八二―一六五一）著

【乾巻】 穴山梅雪斎御同道候之故、是にも御他界の様子被仰聞候、（中略）穴山梅雪ハ、思ふ心候か、一里程御跡に、我人数計にて越候之処、郷人起て一人も不残討殺し、又ハ津田の案内者ののし（熨斗）付を梅雪者ともこれ取て、彼者を討殺候故、近郷の者とも、梅雪をまた討殺候とも申候、

【坤巻】家康公従泉州堺伊賀越帰国穴山梅雪伊賀地為郷人殺

『**永日記**』永井直清（一五九一—一六七一）著

穴山ハのし《(熨斗)》付板を著し、美麗なる出立故に、其侭《そのまま》追討るゝと也、

『**家忠日記増補追加**』松平忠冬（家忠の孫）著　一六六五年成立

穴山梅雪　大神君ニ供奉シテ泉州堺ニ在リ、信長生害ノ後　大神君伊賀路ヲ相伴フヘキノ旨　命有リトイヘトモ信州ノ順路ニ非スト謂テ従カワスシテ山城ノ宇治田原ニ至テ遂ニ郷民ニ殺サル

『**譜牒余録**』五十 永井萬之丞 一六八四年から諸家の家譜の提出により一七九九年成立

駿州江尻之城に、穴山者《は》　権現様御跡より参候処に、宇治田原にて、一揆とも穴山を討捕候由、穴山不調法、其上穴山供のものとも奇麗をいたし、のし《(熨斗)》付を指申候もの多召連候に付、一揆とも、のし付を目かけ討捕候よし、後に沙汰有之よし承候、

『**続本朝通鑑**』二百二十一 正親町二十一 一六七〇年成立

穴山梅雪従神君自泉界《(堺)》帰、半塗而後到宇治田原、為郷民所殺、

『**角屋七郎次郎由緒**』成立年不詳（江戸後期か）角屋七郎次郎著

穴山梅雪殿御同道ニ而、安土に被為遊《あそばせられ》御登城、織田信長公に御対顔、御饗応御座候、御上洛、堺妙国寺御旅館之処、於京都、信長公御生害ニ付、東照宮様堺より江州多羅尾に御

旅館、穴山殿者、為土民御生害、

『御年譜微考』 穴山入道梅雪ハ、却て公に心を置奉り、伊賀路ハ甲信の便路なられ申て、途中に於て御暇乞申し、山城宇治田原へ掛りたるか、下人とも、所の者と喧嘩を仕出したるほとに、郷人とも起り立て、梅雪を始め過半討取たれハ、残るものともハ十方に落散たる、梅雪嫡子勝つ千代も、幾ほとなく疱瘡をやミて早世し、終る穴山家断絶したり、武田の一族として、勝頼をハ見放し、逆心したる天罰にてや有たむ、

『御庫本三河記』 一六二六年成立の三河物語（大久保忠教著）の写本

三州ノ家康、甲州ノ梅雪、泉州ヨリ伊賀越ヲ下ランホトニ、郷民等カケ向テ討トムルニヲヒテハ、其地永代恩賜タルエヨシ申コシケレトモ、其マヘニ家康公通リタマヒシカハ、御ツヽカナシ、梅雪ハ行程ヲカヘテ（変えて）、宇治田原ニ入テ、郷民ニウタレニケリ、

『戸田本三河記』 一六二六年成立の三河物語（大久保忠教著）以降

穴山梅雪ハ家康公ノ御供申セト有ケルヲ、心ヲ置テ跡ニサカリ退ケルカ、宇治田原ニテ下人、所ノ者ト喧嘩ヲ仕出シ、郷人ニ討レケルトソ、

『甲陽軍鑑』 江戸初期。武田信玄家臣・高坂昌信の著とされるが、小幡景憲《おばたかげのり》編纂説が有力。

家康、穴山梅雪の境（堺）より東へ指て落給ふ、さても高坂弾正存生の時、常々申され候、主君へ逆心の人、三年ろくにて居たる事なしと申され候ごとく、穴山をは、山城宇治田原と

申所にて雑人の手にかけ、梅雪の頸《くび》を打取候、家康ハ何事なく国へ帰らる、なり、

『陰徳記』　岩国藩家臣・香川正矩著。一六六〇年頃の成立。

穴山梅雪ハ夜已ニ明テ境（堺）ヲ出ケルカ、一揆起テ、終ニ伊賀路ニ於テ討果シ、鎧太刀ニ至迄ハキ取テケリ、（中略）勝頼父子止々ト討レヌ、其因果忽報テ、一揆原ニ無益討レ、骸《むくろ》ヲ行人征馬ノ蹄《ひづめ》ニ懸テ、名ヲ萬代ニ朽（汚）シケルコソ無墓ケレ、

南方系

『当代記』　一六二四―一六四四年成立

武田左衛門太夫甲州穴山ことも、家康公に相伴上洛之処、信長被レ薨時、於二大和国に一一揆起て打果、息子勝千代武田信玄孫継二其塵一、駿州江尻に在城す、是も一両年中に令二病死一畢、さて穴山遺跡は絶果たり、

『石川正西聞見集』　一六六〇年。石川正西著

信長候御父子に御腹めさせ候、其様子家康様被為聞堺より大和路へ御出伊賀こえ被成《なされ》候、道中里〳〵にて人しち（人質）を御取候へは郷人共奉恐無叓《おそれなきこと》に御通被成たると承候、穴山殿は人しち（人質）もとらで通り被成候を物取に郷人共出合穴山殿ころし（殺し）申候、

『大和記』 一六六一―一六七二年。三ツ枝土左衛門著

竹内峠ヨリ二里半計《ばかり》東ニ、屋木《(八木)》ト申処御座候。其東ノ町ハズレニ天神山《(耳成山)》ト申小キ山御座候カ、其山隠ヨリ石原田ト申候。大和中ノ悪党者《は》、五十人計《ばかり》罷出、時ノ声ヲアゲ鉄炮を五六挺打懸申候。梅雪ハ不ㇾ及ㇾ申、権現様ニモ二三町御引退被ㇾ遊候所ニ、右ノ主馬之助真先ニ進テ、悪党トモヲ追払候故、其所ヲハ無事ニ御通被ㇾ遊候、夫《それ》ヨリ東ノ山中迄奉㆓御送㆒、主馬之助ハ罷帰候。其時其使ニ為㆓御褒美㆒御長刀一振被ㇾ下《ひとふりくださるる》之由申候。

「吉川家先祖覚書」 一六八四年作成

穴山梅雪モ御同道ニテ候エ共此砌故権現様ヲ疑奉リ十町余御跡ヨリ成ラセラレ候、是ハ案内ナシニ石《イシ》原村ヨリ初瀬越ヲ直グニ通リナサレ候故源太カ為ニ対死致サレ候、此由高見ノ辺ニテ高聞ニ達シ殊ノ外御立服ニテ即時ニ誅伐有之ノ処、此度ハ指置カレ以後東国ヨリ如何様ニモ仰セツケラルベキ旨御近臣申上候由、此儀吉川父子罷帰十市玄蕃頭ニ告知ラス、之レニヨリ家人磯野善兵衛吉川主馬弟私曽祖父和刕磯野ヲ領スル故磯野ト改メニ申付其夜石原源太ヲ夜討仕リ源太ノ首伊賀ノ内琴引村ニテ田口村より九里半良方実見ニ入レ奉リ御感有之、御褒美トシテ善兵衛ニ黄金五枚下シ置カレ候事

『譜牒余録後編』 三十四松山武大夫 一六八四年

日向守企逆心、信長公於本能寺御生害之旨西御門跡・茶や四郎申上候、従其権現様は大

和江被為成候、梅雪殿は御跡ニ而一揆ニ被打与申候

「由緒書」（『伊賀者由緒并御陣御供書付』所収）一六六六年

京都本能寺にて、六月朔日、信長公御生害之由、堺にて被及聞召、御相談之上、本道ハ如何と被為成《なさせられ》御意、伊賀路山越を御心掛、大和迄御同道被成候処、則大和之内ニ而一揆蜂起、梅雪被討取申候ニ付、権現様、同二日、伊賀路に御入被成候故、伊賀者共罷出、かふと山御案内仕、伊勢白子迄致御供、

「伊賀之者御由緒之覚書」（『伊賀者由緒書』所収）成立年不明（一七六一年写し）

京都於本能寺信長公御父子御生害被遊候由、茶屋四郎次郎奉告により、小勢ニて本道ハ如何と被為　思召、伊賀越を被為遊候積り御相談被為遊候処、梅雪何とか被存御跡に残り被申上処《もうしあげらるるところ》、大和之内ニ而一揆共ニ被取籠《とりかこまれ》、穴山殿ハ被討《うたれ》被申候、

もっとも信用できるとされる『家忠日記』に「穴山ハ切腹候」とある。医師で儒者である江村専斎（一五六五―一六六四）の口述集で同時代のものとされる『老人雑話』には、「穴山ハ路次ニテ一揆殺セリト云、又ハ東照宮所為ナリ共云」として、家康の仕業との風聞を載せている。また『三河物語』は、「あな山梅説（雪）ハ、家康をうたがひ奉りて、御あと

にさがりて」と記している。
『石川忠総留書』も、「穴山梅雪ハ、思ふ心候か、一里程御跡に」と思わせぶりなことを書いている。家康が梅雪を疑うのと、梅雪が家康に異心を抱くのとは、同義語と考えていい。南方系の「吉川家先祖覚書」も「穴山梅雪モ御同道ニテ候エ共此砌《このみぎり》故権現様ヲ疑奉リ十町余御跡ヨリ」と、梅雪が家康に疑いをもち、十町（1キロ余り）後ろをついていたとする。

この状況下で家康が梅雪を疑ったとすれば、それは裏切りである。梅雪が窮地に陥っている家康を見限るそぶりを見せたのかもしれない。そもそも、遠州を支配するに至った家康と、甲斐から駿河に進出した武田家の家臣・梅雪とは、今川氏の旧領をめぐって戦いを繰り返してきた旧敵であった。その家康と梅雪が互いに相手を信用していたとは思えない。信長の死後、果たして、家康は梅雪の所領を保証するのか、武田家再興を支援するのか、そんな疑念が梅雪の頭をもたげたとしてもおかしくない。事実、家康が虎視眈々と旧武田領の支配を目論んでいたことは明らかである。所詮は同床異夢の二人だった。

ルイス・フロイスの報告書に「穴山殿は出発遅れ、又少数の部下を従へし為め、更に不幸にして一度ならず襲撃せられ、先ず部下と荷物とを失ひ、最後に自身も殺されたり」とある。道中、家康と梅雪は協力しなかったのか。家康は「少数の部下」しか持たない梅雪を助けようとはしなかったのか。悪く言えば、見捨てたのか。

『治要録』に、家康は妙国寺に泊まり「大和路を歴《へ》て」、梅雪は光明院に泊まり「洛（京都）に趣き」とある。二人は堺から出発する時点から仲違いしていたのか。

彦根藩井伊家の家老を務めた木俣守勝（一五五五―一六一〇）が著した『木俣土佐紀年自記』に「家康公謀て如此案内をせさせ給ふ故に、先導して本道に出、家康公是を感し給ふ、此時穴山梅雪と、家康公と同ク此路に帰、一濱を隔る也、無案内者を以て、路次野伏相集て梅雪を殺害するの由也」とある。この記述は鮮烈で気になるところだ。

「一濱」がどれほどの距離であったかは不明だが、梅雪が家康の後を追っていたところ、山中で野伏に殺害されたという。「謀て如此《かくのごとく》案内」させ、「無案内者」状態になったためだが、なぜか「謀」という文字がある。

梅雪死後の穴山衆と家康

天正十年（一五八二）二月、信長は織田信忠を主将とし、滝川一益・河尻秀隆などの諸将をつけ、信濃に侵攻した。伊那の小笠原信嶺《のぶみね》がすぐに降伏、三月には武田勝頼の異母弟・仁科信盛が守る高遠《たかとお》城も陥落した。そうして信濃のほとんどを織田軍が制圧した。

家康も駿河に攻め入った。駿府（現静岡市葵区）を占領すると、二月末に駿河の江尻城（跡静岡市清水区）主・穴山梅雪（信君《のぶただ》）が織田方に寝返った。武田一族である梅雪の謀反で甲斐は大混乱に陥り、三月十一日、信忠に追い詰められた勝頼が滅んだ。

三月二十日、穴山梅雪は信長に伺候《しこう》する。『当代記』によれば、梅雪は信長に国久の太刀一腰と金三百両を進上し、信長は豪華な脇指や小刀を下賜している。信長は家康に駿河一国を与えたが、江尻城とその領地は元の城主である穴山梅雪に残した。

梅雪の母は武田信虎の女《むすめ》・南松院《なんしょういん》で信玄の姉であるから、梅雪は信玄の甥ということになる。よって梅雪は武田一族衆（親族衆）の筆頭に位置する。平山優氏の著『天正壬午の乱』から引用させていただくと、信長に駿河の本領を安堵された梅雪は、亡母・南松院（信玄の姉）の十七回忌の霊前で、「武田家を滅亡から救うには自分が信長と連携し、武田家を再興するしかない」（「南松院殿十七年忌香語」）と語ったという。

五月、梅雪は信長を訪問するため家康と共に安土城に向かい、十五日に到着した。信長から歓待を受けた後、二十九日に堺に入る。翌日の六月一日は津田宗及らから接待を受け、二日の午前中に信長の死を知った。家康は急ぎ難を逃れ、四日深夜あるいは五日未明に岡崎に戻った。家康は帰国後、すぐに甲斐の武田遺臣を徳川に帰順させる工作を進めた。六日には武田遺臣である岡部正綱に対して、梅雪の本拠地に菅沼城築城を命じている。

此時候間、下山へ相うつり、城見立候てふしん《(普請)》なさるべく候、委細左近左衛門可レ申候、恐々謹言、

六月六日《(天正十年)》　　家　康　御判

岡　次《(岡部次郎右衛門尉正綱)》　参る

（中村孝也『徳川家康文書の研究』上巻）

これは岡崎に帰着した二日後に発せられた書状である。梅雪の死で無主地となった領地を取り込むためには、穴山衆を従属させる必要があった。平山氏は、「穴山衆の家康帰属がかなり早いのは、家康の事前の従属工作を推察させる。おそらくその時期は、家康の帰国直後の五日か、伊賀越えの最中の四日であろうと見られ、六日の岡部正綱への下山移動と築城指示は穴山衆の家康服属が成功した結果と見なされる。つまり、穴山梅雪横死直後に、その急報と共に家康の帰属工作が同時に開始された」と考察される（同氏著『穴山武田氏』）。だとすると、梅雪の死の取り扱いには細心の注意が必要であったことは言うまでもない。決して穴山衆が家康に疑いをもつようなことがあってはならないのである。

岡部正綱は今川家旧臣だが、武田信玄が駿河に侵攻した後、武田水軍編成の中心となっ

た人物である。岡部が中心となって志摩の海賊・小浜景隆や尾鷲の向井兄弟などを組み入れて武田水軍を強化し、その武田水軍を家康が吸収した。家康が大濱に到着したとき、あるいは途中の寄港地で岡部と接触した可能性がある。先の書状が六月六日に岡部に発せられたこと自体、手際が良すぎる。

しばらくして甲斐で大規模な一揆が起こり、甲斐経営を担う織田の将の一人、河尻秀隆が敗死した。穴山衆工作が功を奏したのか、家康は、穴山衆の力を借りて一揆を鎮圧している。このように、家康が甲斐制圧に穴山衆の軍事力を利用したことは歴史が証明している。武田遺臣らが梅雪の死因につき不信感を抱いた場合、間違いなく甲斐侵略に支障を来したことであろう。

主君勝頼を裏切った梅雪の死に対して、世間の目にはどのように映っていたのか、174頁に掲げた『甲陽軍鑑』の「主君へ逆心の人」や、『陰徳記』の「因果忽報」という語が痛烈で象徴的である。はじめからそれが分かっていた家康は、堺からの脱出について、特に「陰のルート」について一切口をつぐんだ。そして伊賀越えの真相は歴史のベールの中に包まれることになった。

家康が将軍になって

光秀がなぜ本能寺の変を起こしたのか、それは思いも寄らぬ怪事であり、世の人の関心事だったが、家康がどこを通って帰国したかなどは、付け足しの出来事に過ぎなかった。『言経卿《ときつね》記』・『兼見卿記』・『晴豊公記』・『多聞院日記』など同時期に作成された公家や僧の日記に、謀反とその後の光秀に関係することは書かれても、家康の通過経路に関心を寄せることはなかった。同時代の者による書の中では、太田牛一の『信長公記』(一六〇〇年頃成立。以下「年」と「成立」は省く)に宇治田原を通ったことが書かれたが、『宇野主水日記』(一五八二)・『家忠日記』(一五五五〜六〇〇)・『三河物語』(一六二二)にも伊賀以前の経路は書かれなかった。『信長公記』をベースにしたとはいえ、それより人気のあった小瀬甫庵の『信長記』(一六二二)にも、伊勢以前の経路は書かれなかった。

本能寺の変の後も、山崎の戦い、小牧・長久手の戦いなど大戦《おおいくさ》は続いた。そして太閤秀吉が謳歌する時代を迎える。文禄・慶長の役による朝鮮出兵で兵も民も疲弊した。慶長の大地震にも襲われた。本能寺の変の後、家康がどこを通って逃げたなどということは風化し、人々の記憶から消えていった。関ヶ原の戦いで家康が勝っても同様だった。やがて多くの関係者も亡くなっていった。

本能寺の変から三十年弱の月日が流れた。その間に家康は将軍になった。慶長二十年（一六一五）の大坂夏の陣で豊臣氏が滅び、翌元和二年には徳川幕府の創業者、家康が世を去った。次第に家康は「東照宮様」、「（大）権現様」、「（大）神君」などと神格化されていく。そうして徳川の創業記関係の本が書かれるようになる。その中では『当代記』（一六二四〜四四）・『石川正西聞見集』（一六六〇）・『御当家記年録』（一六六四）・『創業記考異』（一六七三）などに大和越えのことが書かれていたが、それが特に関心を引くこともなかった。

『当代記』と前後して、『石川忠総留書』が書かれた。そこには神君家康の苦難の物語が描かれていた。またそれを支えた家臣の忠節のことも書かれ、子孫たちは誉れに感じた。通過地点も詳しく書かれ、そこで協力した地元武士のことも書かれていた。家康に随行した大久保忠隣を実父とし、伯父の石川康通《やすみち》などを近親者に持つ忠総が著した書だけに、影響は大きかったと思われる。すでに『信長公記』に宇治田原を通ったと書かれていたこともあり、『石川忠総留書』はドキュメンタリー的な存在になったのではないか。

石川忠総がどのような目的で留書を書いたのか、そもそも、どの程度の話を身内から聞いていたのかについては疑問を覚える。また内容面での問題点については第3章で述べたとおりである。父の大久保忠隣（当時30歳）も伯父の石川康通（同29歳）もまだ若く、陽動隊として北行ルートを通過した可能性がある。おそらく、それは本隊よりも危険な役割だった。これに対し、『石川正西聞見集』の内容を信じれば、本多忠勝（同35歳）は南方ルートで家康を守ったことになる。

「大和伊賀路を経《ふ》」と記す『御当家記年録』は、榊原康政の孫（忠次）が書いた書（15頁）であるから、康政（同35歳）も南行ルートのメンバーだったのではないか。康政は『石川忠総留書』では、茶屋四郎次郎の急報を受けた家康が知恩院で追腹（切腹）すると言うのを聞いた臣僚の一人として登場するから、大久保忠隣の子・忠総が『石川忠総留書』に架空の事実を書いたのか、それとも榊原康政の孫・忠次が『御当家記年録』に誤って大和越えのことを書いたのか。つまり、どちらが真で、どちらが偽か。

「神君伊賀越え」には、大久保長安事件や父の大久保忠隣失脚のバイアスはかかっていないのか、という疑問も浮上してくる。本書を読んで気付かれたと思うが、大和越えの功労で石見銀山奉行となった竹村道清など、なぜか大久保長安に関係する人物が多い。服部半蔵正成の二男半蔵正重も長安の聟として失脚している。蓑笠之助三代目の正長失脚にも長安事件が登場する。といってもこれでは臆測に過ぎないので、少し具体例を示そう。大和越えを書く『石川正西聞見集』では、次のように大久保忠隣や長安を揶揄《やゆ》している。

大久保石見殿《(長安)》はしめ《(始めは)》ハ観世座の人なると聞えしか《(が)》御所様《(家康)》御取立、御代官所被仰付《おおせつけられ》し比《ころ》、十兵衛と申候、のちには木曽又石見銀山なと代官所に被仰付《おおせつけられ》候、道中上下にも栄花にて女房あまた引きつれ泊々《とまりとまり》の膳部なと《(など)》のかく《(家具)》等も金銀のやうに聞え申候、大久保名字は相模殿《(忠隣)》より御ゆるし候、大久保名字たやすく○《(他)》人にゆるさぬやうに申候、其意趣は大ニ久ク保《タモツ》と文字に有之両人《りょうにんこれあり》なから《(ながら)》あとさきになく成《(亡くなり)》給ふ

石川正西（一五七四―一六六五）が大久保忠隣や長安を嫌みっぽく皮肉っている。石川忠総（一五八二―一六五二）の没後に聞見集が成立しているから、忠総はこれを読んではいない。ただ二人は同時代の人だから、忠総は父や長安など大久保一派がこのような批判や嘲笑を受けていたことを知っていただろう。

徳富蘇峰は、「大久保と本多父子とは、権勢利達《けんせいりたつ》の上において、相反目し、相嫉視《しっし》したのみでなく、その政策においても、異なりたる主義を互いに代表していた」、「大久保忠隣の失脚は、たとい本多父子の讒言なきも、もとより免れ難きものであった」（徳富蘇峰『近世日本国民史　徳川家康（三）』）と述べている。本多正信と大久保長安・忠隣との間の確執は周知の事実だった。とはいえ、成瀬正成（一五六七―一六二五。初代尾張藩主・徳川義直の付《つけ》家老。後に初代犬山藩主）が、忠隣の悔しさを代弁する一文を『寛永諸系図伝』に残して

いる。

> 忠隣をどろき《(驚き)》て其罪《そのつみ》をとへば、謀叛《むほん》にくみするのをきこえあり。これによりて一紙《いっし》の訴状《そじやう》を捧げていはく、（中略）われいま君恩《くんおん》にほこり妬《ねたみ》を受けて讒《ざん》せらる、たとひ死刑をかうふる《(被)》といふとも、ねがはくは謀叛にくみするの心なきことを言上《ごんじょう》せん、となり。訴状すでに駿府にいたる。然《しかり》といへども親族・旧臣大権現の御いかり《(怒り)》に触事《ふれんこと》をそれ《(恐れ)》、あへて言上するものなし。正成これを聞て思へらく、忠隣が訴詔《(訟)》もつとも《(尤も)》理あたれり、とて、すなはち訴状をたてまつる。（中略）忠隣が謀叛にくミするの心なき事をしろしめしたまふ。

子の忠総は石川家の家督を継いだ者として難を逃れたが、立場上、父・大久保忠隣の無念を晴らすことはできなかった。その忸怩《じくじ》たる思いが消えず、晩年に父の汚名をそそがんと『石川忠総留書』を書いた可能性がある。『当代記』は、「相模守《(大久保忠隣)》謀叛匠《たくらみ》」と申し立てた馬場伊左衛門《(八左衛門忠時か)》を「甲州のもの」で「不肖者」による「虚言」とし、「思怨」による事と記している。馬場忠時は穴山梅雪の家臣だったが、後に武田家の跡を継いだ家康の五男・信吉の家老として仕えた。信吉の死後、改易となり、本多正信に絆《ほだ》されて讒言した可能性が高い。

逆に、本多正信の子・正純の舅が酒井重忠であり、彼の子孫が石川忠総の留書など意に介せず、『寛政重修諸家譜』に堂々と大和越えを唱えているのがおもしろい。人の間の泥臭い確執、反目が垣間見える。『石川忠総留書』の裏には、多くの相剋《そうこく》や因縁が渦巻いていた。これが『石川忠総留書』にはバイアスがかかっているとした理由である。それゆえ『石川忠総留書』を金科玉条《きんかぎょくじょう》のごとく扱っては危険なのである。

『石川忠総留書』の影響を受けた『武徳編年集成』（一七四〇）の中に、大和越えを書く『大和記』（一六六一以降）や「十市遠光家譜」（一六五三または一六六五）・「吉川家先祖覚書」（一六八四）からの記事や、高見峠から音聞峠へ行くなど『伊賀者大由緒記』からと思われる記事が混在している。『神祖泉堺記事』（一七五〇頃）にも同留書からの記事と、『大和記』などの記事が混在している。『林鐘談』も同様だ。江戸後期に至っても、大和越えの伝承が根強く残り、これらの書の作者を困らせていたことが浮き彫りである。

先述（101頁）したように、今谷明氏は、二百人余の伊賀衆が徳川家に取り立てられたという伊賀者由緒にある伝承は大筋で認めてもよいのではと述べられた。私が調べた限り、その伝承とは、服部保次らが大和を越えてきた家康を伊賀で助けた話（第2章）のことである。保次はその功績で鉄炮同心五十余人を預かった。しかし保次の働きは大和越えの文中に隠れ、これまでほとんど取り上げられてこなかった。これを機に、服部半蔵だけでなく、服部保次にも目が向けられることを期待する。またその裏に見え隠れする本願寺の去就など、家康の堺からの脱出行は実にミステリアスであり、謎は尽きない。

あとがき

「今更、何のために家康の伊賀越えを持ち出すのか」と思われる読者の方も多いだろう。そう考えた私は、あえて「はじめに」を省いた。読者の方が私の提示する史料を前に、半信半疑のまま葛藤され、ある意味、推理小説的な謎解きをしながら読み進めて欲しいと願ったからである。

私はほとんど知られていない史料を間接証拠として積み上げることで、〝伊賀越え事件〟を推理し、捜査したつもりである。その試みが成功したかはともかく、そうした手法で四百年以上前に起こった事件の真相に迫ろうとした。

〝捜査〟を進めるにしたがい、昔から当たり前のこととされてきた話のほとんどが、事件から数十年以上経過した後の伝聞証拠によることが再確認された。生意気のように感じられたら、ご寛恕賜りたいが、私が提示する史料と甲乙付けがたいと思った。いやむしろ、大和越えの史料の方が証拠能力が高いのでは、と考えるに至った。

本能寺の変の後、家康が果たして京都に近い山城を通って逃げたのだろうか、私がこの疑問を抱くようになったきっかけは、昭和九年八月三十日付けの「松陽新報」（現 山陰中央新報）の記事である。昭和二十九年に奈良県で生まれた私が、生まれる二十年も前の、しかも島根県の地方紙の記事など本来は知るはずもないことである。

この記事を私のところに持参されたのはある歌人で、楠木正成一族とともに南朝方で戦った和田氏の子孫であることを自負されている方だった。私と遠縁に当たることから、調べてくれないかという依頼だった。

（第三種郵便物認可）　第一萬七千百三十一號

大楠公

六代の後裔の墳墓發見さる

石見銀山初代奉行竹村公の

大森町勝源寺で

石油工場爆發し

死傷五十余名

感状
此度大和越の節落度なき様に
召され被下忝なく存候重ねて
越智玄蕃允迄申入る可候
天正十年午六月
家康　花印
竹村九兵衛殿
筒井順慶殿
森本左馬之助殿
戸島加賀守殿

新聞に紹介されている書状（上に拡大）には、竹村道清らが大和越えをしようとする家康を助けたことが書かれていた。竹村家が楠木正成の後裔に当たり、和田氏ともゆかりがあることからの話だった。いわゆる「神君伊賀越え」を当然視していた私は当惑し、その記事を放置してしまった。

平成十九年、石見銀山が世界遺産に登録され、一躍脚光を浴びるようになった。それで私は記事のことを思い出した。無沙汰を詫びつつ書状の所在を尋ねようとして連絡をとったが、その方はすでに鬼籍に入られていた。この書状を所蔵される和田家をご存じだったかもしれないと思うと自らの緩怠を責め、後悔の念に苛まれるしかなかった。今となっては、本書の刊行をもって許しを乞うばかりである。

こうした経緯を経て、私は奈良新聞の連載企画「大和の中世・つれづれ漫歩」を石見銀山奉行・竹村道清からスタートさせた。取材のため石見銀山を訪れると、道清建立とされる勝源寺や大久保長安の逆修墓などがあったが、観光客からは無縁の存在だった。

連載が始まると、私が書いた大和越えの記事を金松誠氏が『筒井順慶』の中で紹介された。意を強くした私は、大和越えが無視されたまま、思考停止状態にある現状に風穴を開けたいと思い立ち、本書を書く決断をした。

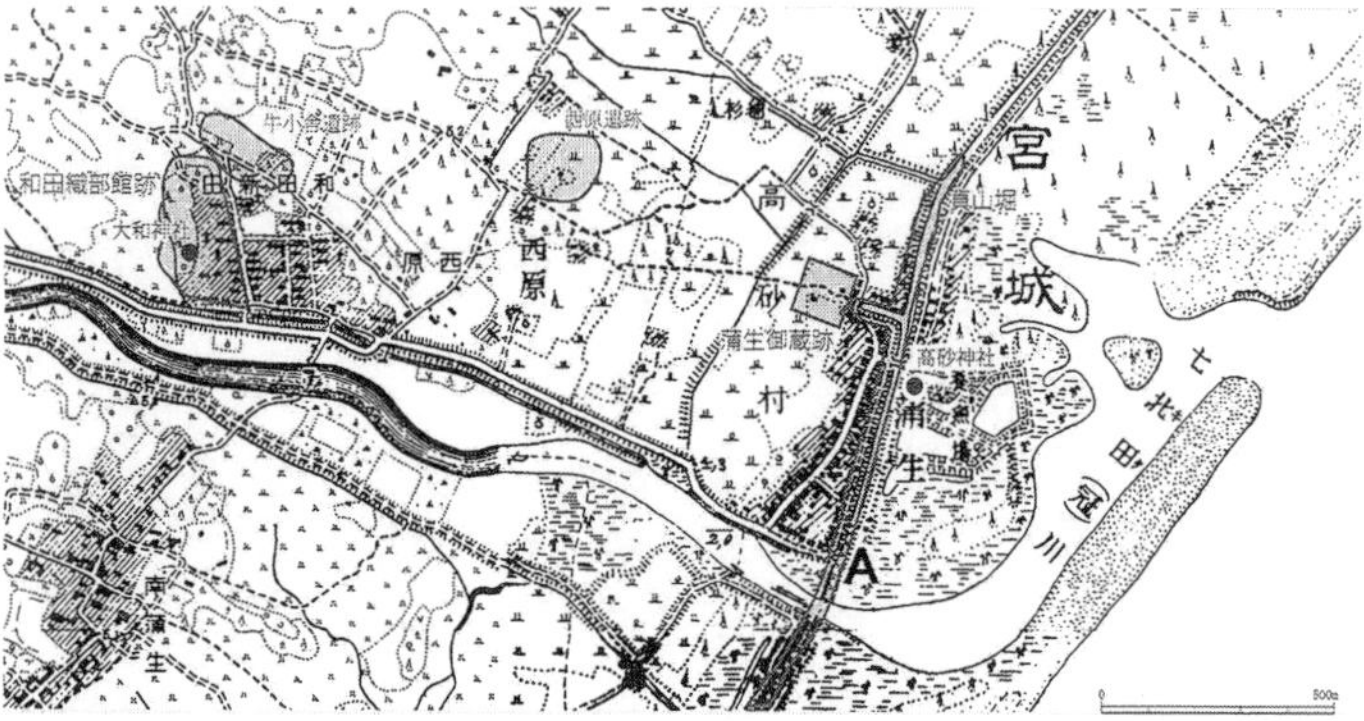

和田為頼が13、4歳のとき、伊達政宗に召し抱えられ大和から仙台に来た。当時の仙台は、野谷地（低湿地）の多い地だった。為頼は河川改修や新田開発を行う。政宗は為頼に、「杉ほど早く用に立つ物なけれ」と杉の植林を命じ（「木村右衛門覚書」）、藩士の屋敷にも植栽を奨励した。為頼が手がけた屋敷林が、「杜の都」仙台の礎になった。

塩釜湊に集積される米などの運搬のため、牛生（塩釜市）～大代（多賀城市）間の御舟入堀（貞山運河の一部）開削が始まっていたが、子の房長は、物資を仙台まで運搬するため堀を蒲生まで延長し、七北田川を付け替える計画を立て、寛文13年（1673）に完成させた。堀は湿地の排水にも活用し、土手や海岸（須賀地）に汐除けや砂防用の黒松を植えた。また領地である蒲生に和田新田（仙台市宮城野区）を作った。（上図は『貞山運河』（多賀城市教育委員会）より引用。一部改変）

和田織部一族の取材に仙台を訪れたとき、東日本大震災の津波から生き残った大和神社や孤高の松を見た。感慨深いものがあった。そうして、大和から遠き地に渡った石見銀山奉行・竹村道清や仙台和田家も紹介したいと考えた。

連載がきっかけで、私は家康の大和越えについて講演をする機会を得た。その折、『信長公記』（中公新書）の著者である和田裕弘氏と面識を持つことができた。『信長公記』には、家康が宇治田原を通ったことが記されている。

和田為頼は真野村や水沼村（石巻市）などの野谷地で新田開発や北上川の改修を行った。海岸部の新田開発のためには、砂防・汐除けの黒松林が必要と考え、自ら松苗を育成したと伝えられる。子の房長も蒲生（仙台市）などで運河開削、新田開発や黒松の植林を行った。平成23年（2011）、この地域は東日本大震災の津波で甚大な被害を受けた。写真は七北田川と貞山運河が交差する付近（前頁図A）に生き残った一本の松である。（2020年撮影）

大和越えを唱える私とは相反する立場かもしれないが、同氏はそれには関知せず、大和越えに関係する多くの史料を提供してくださった。また浄土真宗本願寺派の大和三院家《いんげ》の一つである名称寺の日野恵隆氏（93頁）からは、同じ本願寺派の光専寺に穴山梅雪の墓があることや本願寺に関する多くのことをご教示いただいた。和田氏や日野氏を含め、史料発掘やその翻刻などに力を貸していただいた方々に強く謝意を述べたい。

最後に、私が本書で示した大和越えの話がすべて架空ならば、伊賀者由緒や徳川家康一族も含め、多くの嘘が捏造《ねつぞう》されたことになる。だが大和越えの史料がこれだけ多岐多数にわたることから、そのようなことは考えがたい。本書発刊を機に、「神君伊賀越え」の再検証が進むことを期待する。

●主な参考文献及び基本資料

朝倉　弘『奈良県史 第十一巻 大和武士』（名著出版 一九九三年）
『伊賀市史第一巻 通史編 古代・中世』（伊賀市 二〇一一年）
『伊賀町史』（伊賀町役場 一九七九年）
『伊賀者大由緒記』（大西源一氏所蔵村治圓次郎氏写）
和泉清司編『江戸幕府代官頭文書集成』（文献出版 一九九九年）
今谷　明「家康の伊賀越えについて」（『真説　本能寺の変』集英社 二〇〇二年所収）
表章『観世流史参究』（檜書店 二〇〇八年）
上松寅三編纂校注『石山本願寺日記』下巻（清文堂出版 一九三〇年）
碓井小三郎『京都坊目誌』（平安古考学会 一九一五年）
大石学ほか編『現代語訳徳川実紀　家康公伝1　関ヶ原の勝利』（吉川弘文館 二〇一〇年）
大熊喜邦『東海道宿駅と其の本陣の研究』（丸善 一九四二年）
大畑博嗣「中世後期堺における法華宗僧の活動　―日珖の動向を中心に―」（『大谷大学大学院研究紀要』第25号 二〇〇八年）
大宮守友『近世の畿内と奈良奉行』（清文堂出版 二〇〇九年）

奥野高廣『織田信長文書の研究』下巻（吉川弘文館 一九七〇年）
『神奈川県史　別編1　人物』（神奈川県県史編集室 一九八三年）
金子拓・遠藤珠紀校訂『新訂増補 兼見卿記 第二』（八木書店 二〇一四年）
金松　誠『シリーズ・実像に迫る019　筒井順慶』（戎光祥出版 二〇一九年）
神郡　周校注『信長記　下』（現代思潮社 一九八一年）
北西　弘編『真宗史料集成 第三巻 一向一揆』（同朋舎 一九七九年）
桐野作人『真説本能寺』学研M文庫 二〇〇一年）
金龍静「戦国時代の本願寺内衆下間氏」（『名古屋大学文学部研究論集』71 一九七七年）
金龍静・木越祐馨編『顕如　信長も恐れた「本願寺」宗主の実像』（宮帯出版社 二〇一六年）
久保文武『伊賀史叢考』（久保文武 一九八六年）
小風真理子「石山戦争後の本願寺内紛と門末　―近江日野の事例から―」（『戦国史研究』第44号 二〇〇二年）
国書刊行会編『当代記』（『史籍雑纂第二』続群書類従完成会 一九七四年）
小林清治『人物叢書　伊達政宗』（吉川弘文館 一九五九年）
埼玉県立図書館編『石川正西聞見集』（埼玉県史料集第一集 一九六八年）
『堺市史 第二巻 本編第二』（堺市役所 一九三〇年）

『堺市史 第四巻 資料編第二』（堺市役所 一九三〇年）
佐々　久監修『仙台藩家臣録』（歴史図書社 一九七八年）
佐々　久・齋藤鋭夫編『仙台藩史料大成二 伊達世臣家譜続編』（宝文堂 一九七八年）
佐渡郡教育会編『佐渡年代記』上巻（佐渡郡教育会 一九三五年）
『佐屋町史』（佐屋町史編纂員会 一九八〇年）
柴　裕之『戦国・織豊期大名徳川氏の領国支配　戦国史研究叢書12』（岩田書院 二〇一四年）
下山治久編『記録御用所本 古文書 上巻 ―近世旗本家伝文書集―』（東京堂出版 二〇〇〇年）
『新町と松倉豊後守重政四〇〇年記念誌』（同記念事業実行委員会 二〇〇九年）
平　重道解題『複刻版 仙台叢書・伊達世臣家譜』第一巻（宝文堂出版 一九七五年）
平　重道編集『仙台藩史料大成　伊達治家記録三』（宝文堂出版 一九七三年）
たかだ歴史文化叢書編集委員会編『大和高田城物語』（豊住書店 一九九六年）
高柳光寿『人物叢書　明智光秀』（吉川弘文館 一九五八年）
竹下喜久男「好文大名榊原忠次の交友」（『鷹陵史学』17号 一九九一年）
田中圭一『佐渡金銀山の史的研究』（刀水書房 一九八六年）
田辺希文『伊達世臣家譜略記 仙台文庫叢書第七集』（一八九六年）
谷口克広『検証　本能寺の変』（吉川弘文館 二〇〇七年）

谷下一夢「本願寺の坊官下間氏について」（『真宗史の諸研究』平楽寺書店 一九四一年）
『朝野旧聞裒藁』第五巻（史籍研究会 一九八二年）
柘植宗澄『柘植姓の研究―改訂版―』（柘植宗澄 一九六三年）
辻善之助『日本仏教史 第七巻 近世篇之一』（岩波書店 一九六〇年）
徳富蘇峰『近世日本国民史　徳川家康（三）』（講談社 一九八二年）
中島篤巳訳注『完本 万川集海』（国書刊行会 二〇一五年）
中村孝也『徳川家康文書の研究』上巻（日本学術振興会 一九五八年）
中村孝也『徳川家康文書の研究』下巻之二（日本学術振興会 一九六一年）
仁木謙一編『明智光秀のすべて』（新人物往来社 一九九四年）
能勢朝次『能楽源流考』（岩波書店 一九三八年）
久野修義「織田信長と勅命講和」『戦争と平和の中近世史』（歴史学研究会編　青木書店
二〇〇一年）
日野恵隆『芭蕉翁桃青』（浄土真宗本願寺派名称寺 二〇一五年）
平山　優『中世武士選書第5巻　穴山武田氏』（戎光祥出版 二〇一一年）
平山　優『天正壬午の乱 増補改訂版 本能寺の変と東国戦国史』（戎光祥出版 二〇一五年）
広吉寿彦「本能寺の変と徳川家康　―いわゆる「伊賀越」についての異説―」（『奈良文化論

叢』堀井先生定年退官記念会編 一九六七年）
広吉寿彦「徳川家康の大和越え説」―堀江彦三郎著『吉川のながれ』を詠みて―」（『大和史学』第二巻第一号 桜井史談会 一九六六年）
藤田達生・福島克彦編『明智光秀　史料で読む戦国史③』（八木書店 二〇一五年）
藤田達生『証言　本能寺の変　―史料で読む戦国史―』（八木書店 二〇一〇年）
堀江彦三郎『吉川の名加礼（ながれ）』（吉川太市郎 一九六五年）
三ッ村健吉『三重県郷土資料叢書 第97集 勢州軍記』下巻（三重県郷土資料刊行会 一九八七年）
望月真澄「豪商茶屋の法華信仰」『印度學佛教學研究』63(1)（日本印度学研究会 二〇一四年）
村上　直『論集　代官頭大久保長安の研究』（揺籃社 二〇一三年）
村上　直ほか編著『江戸幕府石見銀山史料』（雄山閣 一九七八年）
安井久善「新資料「和田織部宛徳川家康書状」について」（『歴史教育』一三―九 一九六五年）
『大和記』（『続群書類従 第二十輯下 合戦部』八木書店 一九二五年）
山本博文ほか編『織田信長の古文書』（柏書房 二〇一六年）
『四日市市史 第十七巻 通史編 近世』（四日市市 一九九九年）
和田裕弘『信長公記　―戦国覇者の一級史料―』（中公新書 二〇一八年）
渡辺俊経『甲賀忍者の真実　末裔が明かすその真実とは』（サンライズ出版 二〇二〇年）

著　者

上島　秀友（うえじま・ひでとも）

日本ペンクラブ会員、学校法人誠優学園理事、『樹音』同人。公益財団法人奈良県奨学会「養徳学舎百年史」編集委員長。

1954(昭和29)年、奈良県香芝市良福寺に生まれる。1977(同52)年、中央大学法学部を卒業。香芝市役所に勤務。二上山博物館の企画や地域情報誌「香芝遊学」の編集を担当。2017（平成29）年～2020（令和2）年、奈良新聞に「大和の中世・つれづれ漫歩」連載。

著書に『天《あめ》の二上《ふたかみ》と太子の水辺』（学生社）

『片岡の歴史』（FM西大和）

『小説大津皇子―二上山《ふたかみやま》と弟《いろせ》と』（青垣出版）

『芝村騒動と龍門騒動　大和の百姓一揆』（共著・青垣出版）

『天武天皇の殯儀礼に関する一考察』（『塚口義信博士古稀記念日本古代学論叢』＜和泉書院＞所収）

『大津皇子の二上山墓と薬師寺龍王社』（『大和の歴史と伝説を訪ねて』〈三弥井書店〉所収）ほか

本能寺《ほんのうじ》の変《へん》　神君伊賀越《しんくんいがご》えの真相《しんそう》 ―家康《いえやす》は大和《やまと》を越《こ》えた

2021年2月28日　第1版第1刷発行

2022年11月1日　第1版第2刷発行

著　　者　上島《うえじま》　秀友《ひでとも》

発 行 者　田中　篤則

発 行 所　株式会社　奈良新聞社

〒630－8686　奈良市法華寺町2番地4

TEL　0742（32）2117

FAX　0742（32）2773

振　　替　00930－0－51735

印刷・製本　株式会社渋谷文泉閣

©Hidetomo Uejima, 2021　　Printed in Japan

ISBN978-4-88856-165-5

落丁・乱丁本はお取り替え致します。許可なく転載・複製を禁じます。

※定価はカバーに表示してあります。